The Order of Mass
in Nine Languages

English

Español

Français

Italiano

Latin

Polsku

Português

Tagalog

Tiếng Việt

LITURGICAL PRESS
Collegeville, Minnesota

www.litpress.org

Published with the approval of the
Committee on Divine Worship
United States Conference of Catholic Bishops

Cover design by Ann Blattner. Illustration by Frank Kacmarcik, OblSB.

ISBN 978-0-8146-3456-1

THE ORDER OF MASS

IN ENGLISH

ORDINARIO DE LA MISA

EN ESPAÑOL

ORDINAIRE DE LA MESSE

EN FRANÇAIS

ORDINARIO DELLA MESSA

IN ITALIANO

ORDO MISSÆ

IN LINGUA LATINA

OBRZĘDY MSZY ŚWIĘTEJ

PO POLSKU

ORDEM DA MISSA

EM PORTUGUÊS

ANG MISA NG SAMBAYANAN

SA TAGALOG

NGHI THỨC THÁNH LỄ

BẰNG TIẾNG VIỆT

THE INTRODUCTORY RITES

ENTRANCE CHANT

In the name of the Father, and of the Son, and of the Holy Spirit.
Amen.

GREETING

The grace of our Lord Jesus
  Christ,
and the love of God,
and the communion of the Holy
  Spirit
be with you all.

And with your spirit.

RITOS INICIALES

CANTO DE ENTRADA

En el nombre del Padre, y del Hijo, y del Espíritu Santo.
Amén.

SALUDO

La gracia de nuestro Señor
  Jesucristo, el amor del Padre
  y la comunión del Espíritu
  Santo
  estén con todos ustedes.

Y con tu espíritu.

OUVERTURE DE LA CÉLÉBRATION

CHANT D'ENTRÉE

Au nom du Père, et du Fils, et du Saint-Esprit.
Amen.

SALUTATION

La grâce de Jésus notre Seigneur,
l'amour de Dieu le Père,
et la communion de l'Esprit Saint,
soient toujours avec vous.

Et avec votre esprit.

RITI DI INTRODUZIONE

CANTO D'INGRESSO

Nel nome del Padre e del Figlio e dello Spirito Santo.
Amen.

SALUTO

La grazia del Signore nostro
  Gesù Cristo,
l'amore di Dio Padre
e la comunione dello Spirito
  Santo
sia con tutti voi.

E con il tuo spirito.

RITUS INITIALES

CANTUS AD INTROITUM

In nòmine Patris, et Fílii, et Spíritus Sancti.
Amen.

SALUTATIONIS

Grátia Dómini nostri Iesu
  Christi,
et caritas Dei,
et communicatio Sancti Spíritus
sit cum omnibus vobis.

Et cum spíritu tuo.

OBRZĘDY WSTĘPNE

WEJŚCIE

W imię Ojca i Syna, i Ducha Świętego.
Amen.

POZDROWIENIE

Miłość Boga Ojca, łaska Pana
  naszego Jezusa Chrystusa
i dar jedności w Duchu
  Świętym niech będą z wami
  wszystkimi.

I z duchem twoim.

RITOS INICIAIS

CÂNTICO DE ENTRADA

Em nome do Pai e do Filho e do Espírito Santo.
Amém.

SAUDAÇÃO

A graça de nosso Senhor Jesus
  Cristo,
o amor do Pai
e a comunhão do Espírito Santo
estejam convosco.

**Bendito seja Deus que nos reu-
niu no amor de Cristo.**

PASIMULA

PAMBUNGAD NA AWIT

Sa ngalan ng Ama, at ng Anak, at ng Espiritu Santo.
Amen.

PAGBATI

Ang biyayà ng ating Panginoong
  Hesukristo,
ang pag-ibig ng Diyós
at ang liwanag ng Espiritu Santo
ay sumainyóng lahát.

At sumaiyo rin.

NGHI THỨC ĐẦU LỄ

CA NHẬP LỄ

Nhân danh Cha và Con ✠ và Thánh Thần.
Amen.

LỜI CHÀO

Nguyện xin ân sủng Đức Giêsu
  Kitô, Chúa chúng ta,
tình yêu của Chúa Cha và ơn
  thông hiệp của Chúa Thánh
  Thần
ở cùng tất cả anh chị em.

Và ở cùng cha.

PENITENTIAL ACT

Brethren (brothers and sisters),
let us acknowledge our sins,
and so prepare ourselves to cele-
brate the sacred mysteries.

**I confess to almighty God
and to you, my brothers and
sisters,
that I have greatly sinned,
in my thoughts and in my
words,
in what I have done and in
what I have failed to do,**

ACTO PENITENCIAL

Hermanos: para celebrar
dignamente
estos sagrados misterios,
reconozcamos nuestros pecados.

**Yo confieso ante Dios
todopoderoso
y ante ustedes, hermanos,
que he pecado mucho
de pensamiento, palabra, obra
y omisión.
Por mi culpa, por mi culpa, por
mi gran culpa.
Por eso ruego a santa María,**

PRÉPARATION PÉNITENTIELLE

Préparons-nous à la célébration
de l'Eucharistie
en reconnaissant que nous
sommes pécheurs.

**Je confesse à Dieu
tout-puissant,
je reconnais devant mes frères,
que j'ai péché
en pensée, en parole,
par action et par omission;
oui, j'ai vraiment péché.
C'est pourquoi je supplie la
Vierge Marie,**

ATTO PENITENZIALE

Fratelli,
per celebrare degnamente i santi
misteri,
riconosciamo i nostri peccati.

**Confesso a Dio onnipotente e a
voi, fratelli,
che ho molto peccato
in pensieri, parole, opere e
omissioni,
per mia colpa, mia colpa, mia
grandissima colpa.
E supplico la beata sempre
vergine Maria,
gli angeli, i santi e voi, fratelli,**

ACTUS PÆNITENTIALIS

Fratres, agnoscámus peccáta
nostra,
ut apti simus
ad sacra mystéria celebránda.

**Confíteor Deo omnipoténti
et vobis, fratres,
quia peccávi nimis
cogitatióne, verbo,
ópere et omissióne:
mea culpa, mea culpa,
mea máxima culpa.
Ideo precor beátam Maríam
semper Vírginem,
omnes Angelos et Sanctos,**

AKT POKUTNY

Uznajmy przed Bogiem, że
jesteśmy grzeszni,
abyśmy mogli z czystym sercem
złożyć Najświętszą Ofiarę.

**Spowiadam się Bogu
wszechmogącemu
i wam, bracia i siostry,
że bardzo zgrzeszyłem
myślą, mową, uczynkiem i
zaniedbaniem:
moja wina, moja wina, moja
bardzo wielka wina.
Przeto błagam Najświętszą
Maryję, zawsze Dziewicę,**

ATO PENITENCIAL

Irmãos e irmãs,
reconheçamos as nossas culpas
para celebrarmos dignamente os
santos mistérios.

**Confesso a Deus todo-poderoso
e a vós, irmãos e irmãs,
que pequei muitas vezes
por pensamentos e palavras,
atos e omissões,
por minha culpa, minha tão
grande culpa.
E peço à Virgem Maria,
aos anjos e santos**

PAGSISISI

Mga kapatid, aminin natin ang
ating mga kasalanan
upang tayo'y maging marapat
gumanap
sa banal na pagdiriwang.

**Inaamin ko sa makapangyari-
hang Diyos
at sa inyo, mga kapatid,
na lubha akong nagkasala
sa isip, sa salita, sa gawa
at sa aking pagkukulang.
Kaya isinasamo ko
sa Mahal na Birheng Maria,**

NGHI THỨC SÁM HỐI

Anh chị em, chúng ta hãy nhìn
nhận tội lỗi chúng ta
để xứng đáng cử hành mầu
nhiệm Thánh.

**Tôi thú nhận cùng Thiên Chúa
toàn năng và cùng anh chị
em:
tôi đã phạm tội nhiều trong tư
tưởng, lời nói, việc làm
và những điều thiếu sót:
lỗi tại tôi, lỗi tại tôi, lỗi tại tôi
mọi đàng.**

through my fault, through my fault,
through my most grievous fault;
therefore I ask blessed Mary ever-Virgin,
all the Angels and Saints,
and you, my brothers and sisters,
to pray for me to the Lord our God.

May almighty God have mercy on us,
forgive us our sins,
and bring us to everlasting life.

Amen.

---

siempre Virgen, a los ángeles, a los santos
y a ustedes, hermanos,
que intercedan por mí ante Dios,
nuestro Señor.

Dios todopoderoso
tenga misericordia de nosotros,
perdone nuestros pecados
y nos lleve a la vida eterna.

Amén.

---

les anges et tous les saints,
et vous aussi, mes frères,
de prier pour moi le Seigneur notre Dieu.

Que Dieu tout-puissant
nous fasse miséricorde;
qu'il nous pardonne nos péchés
et nous conduise à la vie éternelle.

Amen.

---

di pregare per me il Signore Dio nostro.

Dio onnipotente abbia misericordia di noi,
perdoni i nostri peccati e ci conduca alla vita eterna.

Amen.

---

et vos, fratres,
oráre pro me ad Dóminum Deum nostrum.

Misereátur nostri omnípotens Deus et,
dimissís peccátis nostris,
perdúcat nos ad vitam ætérnam.

Amen.

---

wszystkich Aniołów i Świętych
i was, bracia i siostry,
o modlitwę za mnie
do Pana Boga naszego.

Niech się zmiłuje nad nami Bóg wszechmogący
i odpuściwszy nam grzechy doprowadzi nas do życia wiecznego.

Amen.

---

e a vós, irmãos e irmãs,
que rogueis por mim a Deus, nosso Senhor.

Deus todo-poderoso tenha compaixão de nós,
perdoe os nossos pecados
e nos conduza à vida eterna.

Amém.

---

sa lahat ng mga anghel at mga banal
at sa inyo, mga kapatid,
na ako'y ipanalangin sa Panginoong ating Diyos.

Kaawaan tayo ng makapangyari-hang Diyos,
patawarin tayo sa ating mga kasalanan,
at patnubayan tayo sa buhay na walang hanggan.

Amen.

Vì vậy tôi xin Đức Bà Maria trọn đời đồng trinh,
các Thiên thần, các Thánh và anh chị em
khẩn cầu cho tôi trước toà Thiên Chúa, Chúa chúng ta.

Xin Thiên Chúa toàn năng thương xót, tha tội
và dẫn đưa chúng ta đến sự sống muôn đời.

Amen.

KYRIE

Lord, have mercy.
Lord, have mercy.

Christ, have mercy.
Christ, have mercy.

Lord, have mercy.
Lord, have mercy.

GLORIA

**Glory to God in the highest,
and on earth peace to people of
    good will.
We praise you,
we bless you,
we adore you,**

KYRIE

Señor, ten piedad.
Señor, ten piedad.

Cristo, ten piedad.
Cristo, ten piedad.

Señor, ten piedad.
Señor, ten piedad.

GLORIA

**Gloria a Dios en el cielo,
y en la tierra paz a los hombres
que ama el Señor.
Por tu inmensa gloria
te alabamos, te bendecimos,
te adoramos, te glorificamos,**

KYRIE

Seigneur, prends pitié.
Seigneur, prends pitié.

O Christ, prends pitié.
O Christ, prends pitié.

Seigneur, prends pitié.
Seigneur, prends pitié.

GLORIA

**Gloire à Dieu, au plus haut des
    cieux,
Et paix sur la terre aux hommes
    qu'il aime.
Nous te louons, nous te bénis-
    sons, nous t'adorons,**

INVOCAZIONI

Signore, pietà.
Signore, pietà.

Cristo, pietà.
Cristo, pietà.

Signore, pietà.
Signore, pietà.

INNO

**Gloria a Dio nell'alto dei cieli
e pace in terra agli uomini di
    buona volontà.
Noi ti lodiamo, ti benediciamo,
ti adoriamo, ti glorifichiamo,**

KYRIE

Kýrie, eléison.
Kýrie, eléison.

Christe, eléison.
Christe, eléison.

Kýrie, eléison.
Kýrie, eléison.

GLORIA

**Glória in excélsis Deo,
et in terra pax homínibus bonæ
    voluntátis.
Laudámus te,
benedícimus te,
adorámus te,**

KYRIE

Panie, zmiłuj się nad nami.
Panie, zmiłuj się nad nami.

Chryste, zmiłuj się nad nami.
Chryste, zmiłuj się nad nami.

Panie, zmiłuj się nad nami.
Panie, zmiłuj się nad nami.

GLORIA

**Chwała na wysokości Bogu,
a na ziemi pokój ludziom
    dobrej woli.
Chwalimy Cię.
Błogosławimy Cię.
Wielbimy Cię.**

KYRIE

Senhor, tende piedade de nós.
Senhor, tende piedade de nós.

Cristo, tende piedade de nós.
Cristo, tende piedade de nós.

Senhor, tende piedade de nós.
Senhor, tende piedade de nós.

GLÓRIA

**Glória a Deus nas alturas,
e paz na terra aos homens por
    Ele amados.
Senhor Deus, rei dos céus,
Deus Pai todo-poderoso:**

KYRIE

Panginoon, kaawaan mo kami.
Panginoon, kaawaan mo kami.

Kristo, kaawaan mo kami.
Kristo, kaawaan mo kami.

Panginoon, kaawaan mo kami.
Panginoon, kaawaan mo kami.

PAPURI

**Papuri sa Diyos sa kaitaasan
at sa lupa'y kapayapaan sa mga
    taong kinalulugdan niya.
Pinupuri ka namin,
dinarangal ka namin,**

KINH THƯƠNG XÓT

Xin Chúa thương xót chúng con.
Xin Chúa thương xót chúng con.

Xin Chúa Kitô thương xót
    chúng con.
**Xin Chúa Kitô thương xót
    chúng con.**

Xin Chúa thương xót chúng con.
Xin Chúa thương xót chúng con.

KINH VINH DANH

**Vinh Danh Thiên Chúa trên
    các tầng trời, và bình
an dưới thế cho người thiện tâm.**

we glorify you,
we give you thanks for your great glory,
Lord God, heavenly King,
O God, almighty Father.

Lord Jesus Christ, Only Begotten Son,
Lord God, Lamb of God, Son of the Father,
you take away the sins of the world,
have mercy on us;
you take away the sins of the world,
receive our prayer;

te damos gracias,
Señor Dios, Rey celestial,
Dios Padre todopoderoso.

Señor, Hijo único, Jesucristo.
Señor Dios, Cordero de Dios,
Hijo del Padre; tú que quitas el pecado del mundo,
ten piedad de nosotros;
tú que quitas el pecado del mundo, atiende nuestra súplica;

Nous te glorifions, nous te rendons grâce,
pour ton immense gloire,
Seigneur Dieu, Roi du ciel,
Dieu le Père tout-puissant.

Seigneur, Fils unique, Jésus Christ,
Seigneur Dieu, Agneau de Dieu, le Fils du Père;
Toi qui enlèves le péché du monde,
prends pitié de nous;
Toi qui enlèves le péché du monde,
reçois notre prière;

ti rendiamo grazie per la tua gloria immensa,
Signore Dio, Re del cielo, Dio Padre onnipotente.

Signore, Figlio unigenito, Gesù Cristo,
Signore Dio, Agnello di Dio, Figlio del Padre;
tu che togli i peccati del mondo,
abbi pietà di noi;
tu che togli i peccati del mondo,
accogli la nostra supplica;

glorificámus te,
grátias ágimus tibi propter magnam glóriam tuam,
Dómine Deus, Rex cæléstis,
Deus pater omnípotens.

Dómine Fili unigénite, Iesu Christe
Dómine Deus, Agnus Dei, Fílius Patris,
qui tollis peccáta mundi,
miserére nobis;
qui tollis peccáta mundi,
súscipe deprecatiónem nostram.

Wysławiamy Cię.
Dzięki Ci składamy,
bo wielka jest chwała Twoja.
Panie Boże, Królu nieba,
Boże Ojcze wszechmogący.

Panie, Synu Jednorodzony,
Jezu Chryste.
Panie Boże, Baranku Boży, Synu Ojca.
Który gładzisz grzechy świata,
zmiłuj się nad nami.
Który gładzisz grzechy świata,
przyjm błaganie nasze.

nós vos louvamos,
nós vos bendizemos,
nós vos adoramos,
nós vos glorificamos,
nós vos damos graças
por vossa imensa glória.

Senhor Jesus Cristo, Filho Unigênito,
Senhor Deus, Cordeiro de Deus,
Filho de Deus Pai.
Vós que tirais o pecado do mundo,
tende piedade de nós.

sinasamba ka namin,
ipinagbubunyi ka namin,
pinasasalamatan ka namin
dahil sa dakila mong angking kapurihan.
Panginoong Diyos, Hari ng langit,
Diyos Amang makapangyarihan sa lahat.

Panginoong Hesukristo,
Bugtong na Anak,
Panginoong Diyos, Kordero ng Diyos, Anak ng Ama.
Ikaw na nag-aalis ng mga kasalanan ng sanlibutan,
maawa ka sa amin.

Chúng con ca ngợi Chúa,
chúng con chúc tụng Chúa,
chúng con thờ lạy Chúa, chúng con tôn vinh Chúa,
chúng con cảm tạ Chúa vì vinh quang cao cả Chúa. Lạy Chúa là Thiên Chúa, là Vua trên trời, là Chúa Cha toàn năng.

Lạy Con Một Thiên Chúa,
Chúa Giêsu Kitô,
lạy Chúa là Thiên Chúa, là Chiên Thiên Chúa, là Con Đức Chúa Cha.
Chúa xoá tội trần gian, xin thương xót chúng con,

you are seated at the right hand
   of the Father,
have mercy on us.

For you alone are the Holy One,
you alone are the Lord,
you alone are the Most High,
Jesus Christ,
with the Holy Spirit,
in the glory of God the Father.
Amen.

COLLECT

tú que estás sentado a la derecha
   del Padre,
ten piedad de nosotros;

   porque sólo tú eres Santo,
sólo tú Señor, sólo tú Altísimo,
Jesucristo,
con el Espíritu Santo en la gloria
   de Dios Padre.
Amén.

COLECTA

Toi qui es assis à la droite du
   Père,
prends pitié de nous.

Car toi seul es saint,
Toi seul es Seigneur,
Toi seul es le Très-Haut:
Jésus Christ, avec le
   Saint-Esprit
Dans la gloire de Dieu le Père.
Amen.

PRIÈRE D'OUVERTURE

tu che siedi alla destra del
   Padre,
abbi pietà di noi.

Perché tu solo il Santo,
tu solo il Signore,
tu solo l'Altissimo:
Gesù Cristo,
con lo Spirito Santo:
nella gloria di Dio Padre.
Amen.

COLLETTA

Qui sedes ad déxteram Patris,
miserére nobis.

Quóniam tu solus Sanctus,
tu solus Dóminus,
tu solus Altíssimus,
Iesu Christe,
cum Sancto Spíritu:
in glória Dei Patris.
Amen.

COLLECTA

Który siedzisz po prawicy
   Ojca,
zmiłuj się nad nami.

Albowiem tylko Tyś jest święty.
Tylko Tyś jest Panem.
Tylko Tyś Najwyższy, Jezu
   Chryste,
z Duchem Świętym w chwale
   Boga Ojca.
Amen.

KOLEKTA

Vós que tirais o pecado do
   mundo,
acolhei a nossa súplica.
Vós que estais à direita do Pai,
tende piedade de nós.

Só vós sois o Santo,
só vós, o Senhor,
só vós, o Altíssimo,
Jesus Cristo,
com o Espírito Santo,
na glória de Deus Pai.
Amém.

ORAÇÃO COLETA

Ikaw na nag-aalis ng mga
   kasalanan ng sanlibutan,
tanggapin mo ang aming
   kahilingan.
Ikaw na naluluklok sa kanan
   ng Ama,
maawa ka sa amin.

Sapagka't ikaw lamang ang banal
ikaw lamang ang Panginoon,
ikaw lamang, O Hesukristo,
   ang Kataas-taasan,
kasama ng Espiritu Santo
sa kadakilaan ng Diyos Ama.
   Amen.

PAMBUNGAD NA
PANALANGIN

Chúa xoá tội trần gian, xin
   nhậm lời chúng con cầu
   khẩn.
Chúa ngự bên hữu Đức Chúa
   Cha, xin thương xót chúng
   con.

Vì, lạy Chúa Giêsu Kitô, chỉ có
   Chúa là Đấng Thánh,
chỉ có Chúa là Chúa, chỉ có
   Chúa là Đấng Tối Cao,
cùng Đức Chúa Thánh Thần
   trong vinh quang Đức Chúa
   Cha. Amen.

LỜI NGUYỆN NHẬP LỄ

THE LITURGY OF THE WORD

FIRST READING

RESPONSORIAL PSALM

SECOND READING

GOSPEL ACCLAMATION
Alleluia

GOSPEL

The Lord be with you.
And with your spirit.

A reading from the holy Gospel
according to N.

LITURGIA DE LA PALABRA

PRIMERA LECTURA

SALMO RESPONSORIAL

SEGUNDA LECTURA

ACLAMACIÓN ANTES DEL
EVANGELIO
Aleluya

EVANGELIO

El Señor esté con ustedes.
Y con tu espíritu.

Lectura del santo Evangelio
según san N.

LITURGIE DE LA PAROLE

PREMIÈRE LECTURE

PSAUME

DEUXIÈME LECTURE

ACCLAMATION DE
L'ÉVANGILE
Alléluia

ÉVANGILE

Le Seigneur soit avec vous.
Et avec votre esprit.

Évangile de Jésus Christ selon
saint N.

LITURGIA DELLA PAROLA

PRIMA LETTURA

SALMO RESPONSORIALE

SECONDA LETTURA

CANTO AL VANGELO
Alleluia

VANGELO

Il Signore sia con voi.
E con il tuo spirito.

Dal Vangelo secondo N.,
Gloria a te, o Signore.

LITURGIA VERBI

LECTIO PRIMA

PSALMUS RESPONSORIUM

LECTIO SECUNDA

ALLELÚIA
Allelúia

EVANGELIUM

Dóminus vobíscum.
Et cum spíritu tuo.

Léctio sancti Evangélii
secúndum N.

LITURGIA SŁOWA

PIERWSZE CZYTANIE

PSALM RESPONSORYJNY

DRUGIE CZYTANIE

ŚPIEW PRZED EWANGELIĄ
Alleluja

EWANGELIA

Pan z wami.
I z duchem twoim.

Początek albo Słowa Ewangelii
według świętego . . .

LITURGIA DA PALAVRA

PRIMEIRA LEITURA

SALMO RESPONSORIAL

SEGUNDA LEITURA

ACLAMAÇÃO AO
EVANGELHO
Aleluia

EVANGELHO

O Senhor esteja convosco.
Ele está no meio de nós.

PAGPAPAHAYAG NG SALITA NG DIYOS

UNANG PAGBASA

SALMONG TUGUNAN

PANGALAWANG PAGBASA

PAGBUBUNYI
Aleluya

EBANGHELYO

Sumainyo ang Panginoon.
At sumainyo rin.

PHỤNG VỤ LỜI CHÚA

BÀI ĐỌC I

THÁNH VỊNH ĐÁP CA

BÀI ĐỌC II

TUNG HÔ TIN MỪNG
Allelúia

BÀI ĐỌC PHÚC ÂM

Chúa ở cùng anh chị em.
Và ở cùng cha (thầy).

Glory to you, O Lord.

The Gospel of the Lord.
Praise to you, Lord Jesus Christ.

HOMILY

PROFESSION OF FAITH
**I believe in one God,
the Father almighty,
maker of heaven and earth,
of all things visible and invisible.**

**I believe in one Lord Jesus
Christ,
the Only Begotten Son of God,**

Gloria a ti, Señor.

Palabra del Señor.
Gloria a ti, Señor Jesús.

HOMILÍA

PROFESIÓN DE FE
**Creo en un solo Dios,
Padre todopoderoso,
Creador del cielo y de la tierra,
de todo lo visible y lo invisible.**

**Creo en un solo Señor,
Jesucristo,
Hijo único de Dios,**

Gloire à toi, Seigneur.

Acclamons la Parole de Dieu.
Louange à toi, Seigneur Jésus.

HOMÉLIE

PROFESSION DE FOI
**Je crois en un seul Dieu,
Le Père tout-puissant, créateur
du ciel et de la terre,
de l'univers visible et invisible.**

**Je crois en un seul Seigneur,
Jésus Christ,
le Fils unique de Dieu, né du
Père avant tous les siécles :**

Parola del Signore.
Lode a te, o Cristo.

OMELIA

PROFESSIONE DI FEDE
**Credo in un solo Dio, Padre
onnipotente,
creatore del cielo e della terra,
di tutte le cose visibili e
invisibili.**

**Credo in un solo Signore, Gesù
Cristo,
unigenito Figlio di Dio,**

Glória tibi, Dómine.

Verbum Dómini.
Laus tibi, Christe.

HOMILIA

PROFESSIO FIDEI
**Credo in unum Deum,
Patrem omnipoténtem,
factórem cæli et terræ,
visibílium ómnium et
invisibílium.**

**Et in unum Dóminum Iesum
Christum,
Fílium Dei Unigénitum,**

Chwała Tobie, Panie.

Oto słowo Pańskie.
Chwała Tobie, Chryste.

HOMILIA

WYZNANIE WIARY
**Wierzę w jednego Boga,
Ojca wszechmogącego,
Stworzyciela nieba i ziemi,
wszystkich rzeczy widzialnych i
niewidzialnych.**

**I w jednego Pana Jezusa
Chrystusa,
Syna Bożego Jednorodzonego,**

Proclamação do Evangelho de
Jesus Cristo, segundo N.
Glória a vós, Senhor.

Palavra da Salvação.
Glória a vós, Senhor.

HOMILIA

PROFISSÃO DE FÉ
**Creio em um só Deus, Pai
todo-poderoso,
criador do céu e da terra,
de todas as coisas visíveis e
invisíveis.**

Ang pagbasa ayon sa Ebanghelyo
ni San . . .
Papuri sa inyo Panginoon.

Ito ang Mabuting Balita ng ating
Panginoon.
**Papuri sa inyo Panginoong
Hesu Kristo.**

HOMILIYA

PANANAMPALATAYA
**Sumasampalataya ako sa isang
Diyos
Amang makapangyarihan sa
lahat,
na may gawa ng langit at lupa,**

Tin Mừng Chúa Giêsu Kitô theo
Thánh T. . .
Lạy Chúa, vinh danh Chúa.

Đó là Lời Chúa.
**Lạy Chúa Kitô, ngợi khen
Chúa.**

BÀI GIẢNG

KINH TIN KÍNH
**Tôi tin kính một Thiên Chúa,
là Cha toàn năng,
Đấng tạo thành trời đất, muôn
vật hữu hình và vô hình.**

born of the Father before all
ages.
God from God, Light from
Light,
true God from true God,
begotten, not made, consub-
stantial with the Father;
through him all things were
made.

For us men and for our salvation
he came down from heaven,
and by the Holy Spirit was
incarnate of the Virgin Mary,
and became man.

nacido del Padre antes de todos
los siglos:
Dios de Dios, Luz de Luz,
Dios verdadero de Dios
verdadero,
engendrado, no creado,
de la misma naturaleza del
Padre,
por quien todo fue hecho;

que por nosotros, los hombres,
y por nuestra salvación bajó
del cielo,
y por obra del Espíritu Santo
se encarnó de María, la Virgen,
y se hizo hombre;

Il est Dieu, né de Dieu,
lumière, née de la lumière,
vrai Dieu, né du vrai Dieu,
Engendré, non pas créé, de
même nature que le Père;
et par lui tout a été fait.

Pour nous les hommes, et pour
notre salut,
il descendit du ciel;
Par l'Esprit Saint, il a pris chair
de la Vierge Marie,
et s'est fait homme.

nato dal Padre prima di tutti i
secoli.
Dio da Dio, Luce da Luce, Dio
vero da Dio vero;
generato, non creato,
della stessa sostanza del Padre;
per mezzo di lui tutte le cose
sono state create.

Per noi uomini e per la nostra
salvezza
discese dal cielo;
e per opera dello Spirito Santo
si é incarnato nel seno della
Vergine Maria
e si é fatto uomo.

et ex Patre natum ante ómnia
sǽcula.
Deum de Deo, lumen de
lúmine,
Deum verum de Deo vero,
génitum, non factum, consub-
stantiálem Patri:
per quem ómnia facta sunt.

Qui propter nos hómines et
propter nostram salútem
descéndit de cælis.
Et incarnátus est de Spíritu
Sancto ex María Vírgine,
et homo factus est.

który z Ojca jest zrodzony
przed wszystkimi wiekami.
Bóg z Boga, Światłość ze
Światłości,
Bóg prawdziwy z Boga
prawdziwego.
Zrodzony a nie stworzony,
współistotny Ojcu,
a przez Niego wszystko się stało.

On to dla nas ludzi i dla
naszego zbawienia zstąpił z
nieba.
I za sprawą Ducha Świętego
przyjął ciało z Maryi Dziewicy
i stał się człowiekiem.

Creio em um só Senhor, Jesus Cristo,
Filho Unigênito de Deus,
nascido do Pai antes de todos
os séculos:
Deus de Deus, luz da luz,
Deus verdadeiro de Deus
verdadeiro,
gerado, não criado,
consubstancial ao Pai.
Por ele todas as coisas foram
feitas.

E por nós, homens, e para
nossa salvação,
desceu dos céus:

ng lahat na nakikita at di
nakikita.
Sumasampalataya ako sa iisang
Panginoong Hesukristo,
Bugtong na Anak ng Diyos,
sumilang sa Ama bago pa
nagkapanahon.
Diyos buhat sa Diyos, liwanag
buhat sa liwanag, Diyos na
totoo buhat sa Diyos na totoo.
Sumilang at hindi ginawa,
kaisa ng Ama sa pagka-Diyos,
at sa pamamagitan niya ay
ginawa ang lahat.

Dahil sa ating pawang mga tao
at dahil sa ating kaligtasan,
siya ay nanaog mula sa kalangitan.
Nagkatawang-tao siya

Tôi tin kính một Chúa Giêsu
Kitô, Con Một Thiên Chúa,
sinh bởi Đức Chúa Cha từ
trước muôn đời.
Người là Thiên Chúa bởi Thiên
Chúa, Ánh Sáng bởi Ánh Sáng,
Thiên Chúa thật bởi Thiên
Chúa thật,
được sinh ra mà không phải
được tạo thành,
đồng bản thể với Đức Chúa Cha:
nhờ Người mà muôn vật được
tạo thành.

Vì loài người chúng ta và để
cứu độ chúng ta,
Người đã từ trời xuống thế.
Bởi phép Đức Chúa Thánh Thần,

For our sake he was crucified under Pontius Pilate,
he suffered death and was buried,
and rose again on the third day in accordance with the Scriptures.
He ascended into heaven and is seated at the right hand of the Father.
He will come again in glory to judge the living and the dead and his kingdom will have no end.

I believe in the Holy Spirit, the Lord, the giver of life,

---

y por nuestra causa fue crucificado
en tiempos de Poncio Pilato,
padeció y fue sepultado,
y resucitó al tercer día,
según las Escrituras,
y subió al cielo,
y está sentado a la derecha del Padre;
y de nuevo vendrá con gloria para juzgar a vivos y muertos,
y su reino no tendrá fin.

Creo en el Espíritu Santo, Señor y dador de vida,

Crucifié pour nous sous Ponce Pilate,
il souffrit sa passion et fut mis au tombeau.
Il ressuscita le troisième jour, conformément aux Écritures,
et il monta au ciel; il est assis à la droite du Père.
Il reviendra dans la gloire, pour juger les vivants et les morts;
et son règne n'aura pas de fin.

Je crois en l'Esprit Saint, qui est Seigneur et qui donne la vie;

Fu crocifisso per noi sotto Ponzio Pilato,
morì e fu sepolto.
Il terzo giorno é risuscitato, secondo le Scritture;
é salito al cielo, siede alla destra del Padre.
E di nuovo verrà, nella gloria, per giudicare i vivi e i morti,
e il suo regno non avrà fine.

Credo nello Spirito Santo, che é Signore e dá la vita,
e procede dal Padre e dal Figlio.

Crucifíxus étiam pro nobis sub Póntio Piláto,
passus et sepúltus est,
et resurréxit tértia die,
secúndum Scriptúras,
et ascéndit in cælum,
sedet ad déxteram Patris.
Et íterum ventúrus est cum glória,
iudicáre vivos et mórtuos,
cuius regni non erit finis.

Et in Spíritum Sanctum, Dóminum et vivificántem:
qui ex Patre Filióque procédit.

Ukrzyżowany również za nas,
pod Poncjuszem Piłatem został umęczony i pogrzebany.
I zmartwychwstał dnia trzeciego,
jak oznajmia Pismo.
I wstąpił do nieba; siedzi po prawicy Ojca.
I powtórnie przyjdzie w chwale sądzić żywych i umarłych,
a Królestwu Jego nie będzie końca.

Wierzę w Ducha Świętego, Pana i Ożywiciela,
który od Ojca i Syna pochodzi.

---

e se encarnou pelo Espírito Santo,
no seio da virgem Maria,
e se fez homem.

Também por nós foi crucificado sob Pôncio Pilatos;
padeceu e foi sepultado.
Ressuscitou ao terceiro dia,
conforme as Escrituras,
e subiu aos céus,
onde está sentado à direita do Pai.
E de novo há de vir, em sua glória,
para julgar os vivos e os mortos;
e o seu reino não terá fim.

---

lalang ng Espiritu Santo
kay Mariang Birhen
at naging tao.

Ipinako sa krus dahil sa atin.
Nagpakasakit sa hatol ni Poncio Pilato,
namatay at inilibing.
Muli siyang nabuhay sa ikatlong araw
ayon sa Banal na Kasulatan.
Umakyat siya sa kalangitan
at lumuklok sa kanan ng Amang Maykapal.
Paririto siyang muli
na may dakilang kapangyarihan
upang hukuman ang mga buhay at mga patay.

Người đã nhập thể trong lòng Trinh Nữ Maria, và đã làm người.

Người chịu đóng đinh vào thập giá vì chúng ta,
thời quan Phongxiô Philatô;
Người chịu khổ hình và mai táng,
ngày thứ ba Người sống lại như lời Thánh Kinh,
Người lên trời, ngự bên hữu Đức Chúa Cha.
Và Người sẽ lại đến trong vinh quang, để phán xét kẻ sống và kẻ chết,
Nước Người sẽ không bao giờ cùng.

who proceeds from the Father
and the Son,
who with the Father and the
Son is adored and glorified,
who has spoken through the
prophets.
I believe in one, holy, catholic
and apostolic Church.
I confess one Baptism for the
forgiveness of sins
and I look forward to the
resurrection of the dead
and the life of the world to
come. Amen.

PRAYER OF THE FAITHFUL

que procede del Padre y del Hijo,
que con el Padre y el Hijo
recibe una misma adoración y
gloria,
y que habló por los profetas.
Creo en la Iglesia,
que es una, santa, católica y
apostólica.
Confieso que hay un solo bautismo
para el perdón de los pecados.
Espero la resurrección de los
muertos
y la vida del mundo futuro.
Amén.

ORACIÓN UNIVERSAL

il procède du Père et du Fils;
Avec le Père et le Fils, il reçoit
même adoration et même
gloire;
il a parlé par les prophètes.
Je crois en l'Église, une, sainte,
catholique et apostolique.
Je reconnais un seul baptême
pour le pardon des péchés.
J'attends la résurrection des
morts, et la vie du monde à
venir. Amen.

PRIÈRE UNIVERSELLE

Con il Padre e il Figlio é
adorato e glorificato,
e ha parlato per mezzo dei
profeti.
Credo la Chiesa, una, santa,
cattolica e apostolica.
Professo un solo battesimo per
il perdono dei peccati.
Aspetto la risurrezione dei
morti
e la vita del mondo che verrà.
Amen.

PREGHIERA DEI FEDELI

Qui cum Patre et Fílio simul
adorátur et conglorificátur:
qui locútus est per prophétas.
Et unam, sanctam, cathólicam
et apostólicam Ecclésiam.
Confíteor unum baptísma in
remissiónem peccatórum.
Et exspécto resurrectiónem
mortuórum,
et vitam ventúri sǽculi. Amen.

ORATIO FIDELIUM

Który z Ojcem i Synem
wspólnie odbiera uwielbienie
i chwałę;
który mówił przez Proroków.
Wierzę w jeden, święty,
powszechny i apostolski
Kościół.
Wyznaję jeden chrzest na
odpuszczenie grzechów.
I oczekuję wskrzeszenia
umarłych.
I życia wiecznego w przyszłym
świecie.
Amen.

MODLITWA POWSZECHNA

Creio no Espírito Santo,
Senhor que dá a vida,
e procede do Pai e do Filho;
e com o Pai e o Filho é adorado
e glorificado:
ele que falou pelos profetas.
Creio na Igreja,
una, santa, católica e apostólica.
Professo um só batismo
para remissão dos pecados.
E espero a ressurreição dos
mortos
e a vida do mundo que há de vir.
Amém.

ORAÇÃO DOS FIÉIS

Sumasampalataya ako sa
Espiritu Santo,
Panginoon at nagbibigay-buhay
na nanggagaling sa Ama at sa Anak.
Sinasamba siya at pinararangalan
kaisa ng Ama at ng Anak.
Nagsalita siya sa pamamagitan
ng mga propeta.
Sumasampalataya ako sa iisang
banal na Simbahang
katolika at apostolika
gayundin sa isang binyag sa
ikapagpapatawad ng mga
kasalanan.
At hinihintay ko ang muling
pagkabuhay ng nangamatay
at ang buhay na walang hanggan.
Amen.

PANALANGIN NG BAYAN

Tôi tin kính Đức Chúa Thánh
Thần
là Thiên Chúa và là Đấng ban
sự sống
Người bởi Đức Chúa Cha và
Đức Chúa Con mà ra.
Người được phụng thờ
và tôn vinh cùng với Đức Chúa
Cha và Đức Chúa Con:
Người đã dùng các tiên tri mà
phán dạy.
Tôi tin Hội Thánh duy nhất, thánh
thiện, công giáo và tông truyền.
Tôi tuyên xưng có một Phép
Rửa để tha tội.
Tôi trông đợi kẻ chết sống lại
và sự sống đời sau. Amen.

LỜI NGUYỆN TÍN HỮU

THE LITURGY OF THE EUCHARIST

PRESENTATION AND PREPARATION OF THE GIFTS

Blessed are you, Lord God of all creation,
for through your goodness we have received
the bread we offer you:
fruit of the earth and work of human hands,
it will become for us the bread of life.

Blessed be God for ever.

LITURGIA EUCARÍSTICA

PREPARACIÓN DE LOS DONES

Bendito seas, Señor, Dios del universo,
por este pan, fruto de la tierra y del trabajo del hombre,
que recibimos de tu generosidad y ahora te presentamos;
él será para nosotros pan de vida.

Bendito seas por siempre, Señor.

LITURGIE EUCHARISTIQUE

PRÉPARATION DES DONS

Tu es béni, Dieu de l'univers,
toi qui nous donnes ce pain,
fruit de la terre et du travail des hommes;
nous te le présentons :
il deviendra le pain de la vie.

Béni soit Dieu, maintenant et toujours!

LITURGIA EUCARISTICA

PREPARAZIONE DEI DONI

Benedetto sei tu, Signore, Dio dell'universo:
dalla tua bontà abbiamo ricevuto questo pane,
frutto della terra e del lavoro dell'uomo;
lo presentiamo a te,
perché diventi per noi cibo di vita eterna.

Benedetto nei secoli il Signore.

LITURGIA EUCHARISTICA

PRÆPARATIO DONORUM

Benedíctus es, Dómine, Deus univérsi,
quia de tua largitáte accépimus panem
quem tibi offérimus,
fructum terræ et óperis mánuum hóminum:
ex quo nobis fiet panis vitæ.

Benedíctus Deus in sæcula.

LITURGIA EUCHARYSTYCZNA

PRZYGOTOWANIE DARÓW

Błogosławiony jesteś, Panie, Boże wszechświata,
bo dzięki Twojej hojności otrzymaliśmy chleb,
który jest owocem ziemi i pracy rąk ludzkich;
Tobie go przynosimy,
aby stał się dla nas chlebem życia.

Błogosławiony jesteś, Boże, teraz i na wieki.

LITURGIA EUCARÍSTICA

PREPARAÇÃO DOS DONS

Bendito sejais, Senhor, Deus do universo,
pelo pão que recebemos de vossa bondade,
fruto da terra e do trabalho humano,
que agora vos apresentamos,
e para nós se vai tornar pão da vida.

Bendito seja Deus para sempre!

PAGDIRIWANG NG HULING HAPUNAN

PAGHAHAIN NG ALAY

Kapuri-puri ka, Diyos Amang Lumikha sa sanlibutan.
Sa iyong kagandahang-loob, narito ang aming maiaalay.
Mula sa lupa at bunga ng aming paggawa ang tinapay na ito
para maging pagkaing nagbibigay-buhay.

Kapuri-puri ang Poong Mayka-pal ngayon at kailan man!

PHỤNG VỤ THÁNH THỂ

CA DÂNG LỄ

Lạy Chúa là Chúa Cả trời đất,
chúc tụng Chúa đã rộng ban cho chúng con bánh này
là hoa mầu ruộng đất và công lao của con người,
chúng con dâng lên Chúa để trở nên bánh trường sinh cho chúng con.

Chúc tụng Thiên Chúa đến muôn đời.

Blessed are you, Lord God of all creation,
for through your goodness we have received
the wine we offer you:
fruit of the vine and work of human hands,
it will become our spiritual drink.

Blessed be God for ever.

Pray, brethren (brothers and sisters),
that my sacrifice and yours

Bendito seas, Señor, Dios del universo,
por este vino,
fruto de la vid y del trabajo del hombre,
que recibimos de tu generosidad y ahora te presentamos;
él será para nosotros bebida de salvación.

Bendito seas por siempre, Señor.

Orad, hermanos,
para que este sacrificio, mío y de ustedes,

Tu es béni, Dieu de l'univers,
toi qui nous donnes ce vin,
fruit de la vigne et du travail des hommes;
nous te le présentons :
il deviendra le vin du Royaume éternel.

Béni soit Dieu, maintenant et toujours!
Prions ensemble,

Benedetto sei tu, Signore, Dio dell'universo:
dalla tua bontà abbiamo ricevuto questo vino,
frutto della vite, e del lavoro dell'uomo;
lo presentiamo a te,
perché diventi per noi bevanda di salvezza.

Benedetto nei secoli il Signore.

Pregate, fratelli,
perché il mio e vostro sacrificio

Benedíctus es, Dómine, Deus univérsi,
quia de tua largitáte accépimus vinum,
quod tibi offérimus,
fructum vitis et óperis mánuum hóminum,
ex quo nobis fiet potus spiritális.

Benedíctus Deus in sǽcula.

Oráte, fratres:
ut meum ac vestrum sacrifícium acceptábile fiat apud Deum

Błogosławiony jesteś, Panie, Boże wszechświata,
bo dzięki Twojej hojności otrzymaliśmy wino,
które jest owocem winnego krzewu i pracy rąk ludzkich;
Tobie je przynosimy,
aby stało się dla nas napojem duchowym.

Błogosławiony jesteś, Boże, teraz i na wieki.

Módlcie się,
aby moją i waszą ofiarę

Bendito sejais, Senhor, Deus do universo,
pelo vinho que recebemos de vossa bondade,
fruto da videira e do trabalho humano,
que agora vos apresentamos
e que para nós se vai tornar vinho da salvação.

Bendito seja Deus para sempre!

Orai, irmãos e irmãs,
para que o nosso sacrifício

Kapuri-puri ka, Diyos Amang Lumikha sa sanlibutan.
Sa iyong kagandahang-loob,
narito ang aming maiaalay.
Mula sa katas ng ubas at bunga ng aming paggawa ang alak na ito
para maging inuming nag-bibigay ng iyong Espiritu.

Kapuri-puri ang Poong Mayka-pal ngayon at kailan man!

Manalangin kayo, mga kapatid,
upang ang paghahain natin ay kalugdan

Lạy Chúa là Chúa Cả trời đất,
chúc tụng Chúa đã rộng ban cho chúng con rượu này
là sản phẩm từ cây nho và công lao của con người,
chúng con dâng lên Chúa
để trở nên của uống thiêng liêng cho chúng con.

Chúc tụng Thiên Chúa đến muôn đời.

Anh chị em hãy cầu nguyện để hy lễ của tôi cũng là của anh chị em

may be acceptable to God,
the almighty Father.

**May the Lord accept the
sacrifice at your hands
for the praise and glory of his
name,
for our good
and the good of all his holy
Church.**

PRAYER OVER THE
OFFERINGS

Amen.

---

sea agradable a Dios, Padre
todopoderoso.

**El Señor reciba de tus manos
este sacrificio,
para alabanza y gloria de su
nombre,
para nuestro bien
y el de toda su santa Iglesia.**

ORACIÓN SOBRE LAS
OFRENDAS

Amén.

---

au moment d'offrir le sacrifice de
toute l'Église.

**Pour la gloire de Dieu
et le salut du monde.**

PRIÈRE SUR LES
OFFRANDES

Amen.

---

sia gradito a Dio, Padre
onnipotente.

**Il Signore riceva dalle tue mani
questo sacrificio
a lode e gloria del suo nome,
per il bene nostro e di tutta la
sua santa Chiesa.**

ORAZIONE SULLE OFFERTE

Amen.

Patrem omnipoténtem.

**Suscípiat Dóminus sacrifícium
de mánibus tuis
ad laudem et glóriam nóminis
sui,
ad utilitátem quoque nostram
totiúsque Ecclésiæ suæ sanctæ.**

ORATIO SUPER OBLATA

Amen.

---

przyjął Bóg, Ojciec
wszechmogący:

**Niech Pan przyjmie ofiarę z rąk
twoich
na cześć i chwałę swojego
imienia,
a także na pożytek nasz i całego
Kościoła świętego.**

MODLITWA NAD DARAMI

Amen.

---

seja aceito por Deus Pai
todo-poderoso.

**Receba o Senhor por tuas mãos
este sacrifício,
para glória do seu nome,
para nosso bem
e de toda a santa Igreja.**

ORAÇÃO SOBRE AS
OFERENDAS

Amém.

---

ng Diyos Amang
makapangyarihan.

**Tanggapin nawa ng Panginoon
itong paghahain sa iyong mga
kamay
sa kapurihan niya at
karangalan
sa ating kapakinabangan
at sa buong Sambayanan ni-
yang banal.**

PANALANGIN UKOL SA
MGA ALAY

Amen.

được Thiên Chúa là Cha toàn
năng chấp nhận.

**Xin Chúa nhận hy lễ bởi tay
cha, để ca tụng tôn vinh
danh Chúa,
và mưu ích cho chúng ta cùng
toàn thể Hội Thánh Người.**

LỜI NGUYỆN TIẾN LỄ

Amen.

THE EUCHARISTIC PRAYER

The Lord be with you.
And with your spirit.
Lift up your hearts.
We lift them up to the Lord.
Let us give thanks to the Lord our God.
It is right and just.

Eucharistic Prayer II, p. 37
Eucharistic Prayer III, p. 47
Eucharistic Prayer IV, p. 58

PLEGARIA EUCARÍSTICA

El Señor esté con ustedes.
Y con tu espíritu.
Levantemos el corazón.
Lo tenemos levantado hacia el Señor.
Demos gracias al Señor, nuestro Dios.
Es justo y necesario.

Plegaria Eucarística II, p. 37
Plegaria Eucarística III, p. 47
Plegaria Eucarística IV, p. 58

PRIÈRE EUCHARISTIQUE

Le Seigneur soit avec vous.
Et avec votre esprit.
Élevons notre cœur.
Nous le tournons vers le Seigneur.
Rendons grâce au Seigneur notre Dieu.
Cela est juste et bon.

Prière Eucharistique II, p. 37
Prière Eucharistique III, p. 47
Prière Eucharistique IV, p. 58

PREGHIERA EUCARISTICA

Il Signore sia con voi.
E con il tuo spirito.
In alto i nostri cuori.
Sono rivolti al Signore.
Rendiamo grazie al Signore, nostro Dio.
E' cosa buona e giusta.

Preghiera Eucaristica II, p. 37
Preghiera Eucaristica III, p. 47
Preghiera Eucaristica IV, p. 58

PREX EUCHARISTICA

Dóminus vobíscum.
Et cum spíritu tuo.
Sursum corda.
Habémus ad Dóminum.
Grátias agámus Dómino Deo nostro.
Dignum et iustum est.

Prex Eucharistica II, p. 37
Prex Eucharistica III, p. 47
Prex Eucharistica IV, p. 58

MODLITWA EUCHARYSTYCZNA

Pan z wami.
I z duchem twoim.
W górę serca.
Wznosimy je do Pana.
Dzięki składajmy Panu Bogu naszemu.
Godne to i sprawiedliwe.

Modlitwa Eucharystyczna II, s. 37
Modlitwa Eucharystyczna III, s. 47
Modlitwa Eucharystyczna IV, s. 58

ORAÇÃO EUCARÍSTICA

O Senhor esteja convosco.
Ele está no meio de nós.
Corações ao alto.
O nosso coração está em Deus.
Demos graças ao Senhor, nosso Deus.
É nosso dever e nossa salvação.

Oração Eucarística II, pg. 37
Oração Eucarística III, pg. 47
Oração Eucarística IV, pg. 58

PANALANGIN NG PAGPUPURI AT PAGPAPASALAMAT

Sumainyo ang Panginoon.
At sumaiyo rin.
Itaas sa Diyos ang inyong puso at diwa.
Itinaas na namin sa Panginoon.
Pasalamatan natin ang Panginoong ating Diyos.
Marapat na siya ay pasalamatan.

Panalangin Ng Pagpupuri At Pagpapasalamat II, p. 37
Panalangin Ng Pagpupuri At Pagpapasalamat III, p. 47
Panalangin Ng Pagpupuri At Pagpapasalamat IV, p. 58

KINH NGUYỆN THÁNH THỂ

Chúa ở cùng anh chị em.
Và ở cùng cha.
Hãy nâng tâm hồn lên.
Chúng con đang hướng về Chúa
Hãy tạ ơn Chúa là Thiên Chúa chúng ta
Thật là chính đáng.

Kinh Nguyện Thánh Thể II, trang 37
Kinh Nguyện Thánh Thể III, trang 47
Kinh Nguyện Thánh Thể IV, trang 58

EUCHARISTIC PRAYER I
(The Roman Canon)

PREFACE

PREFACE ACCLAMATION

Holy, Holy, Holy Lord God of
hosts.
Heaven and earth are full of
your glory.
Hosanna in the highest.
Blessed is he who comes in the
name of the Lord.
Hosanna in the highest.

PLEGARIA EUCARÍSTICA I
(Canon Romano)

PREFACIO

ACLAMACIÓN

Santo, Santo, Santo es el Señor,
Dios del universo.
Llenos están el cielo y la tierra
de tu gloria.
Hosanna en el cielo.
Bendito el que viene en
nombre del Señor.
Hosanna en el cielo.

PRIÈRE EUCHARISTIQUE I
(Canon Romain)

PRÉFACE

SANCTUS

Saint! Saint! Saint, le Seigneur,
Dieu de l'univers!
Le ciel et la terre sont remplis
de ta gloire.
Hosanna au plus haut des cieux.
Béni soit celui qui vient au
nom du Seigneur.
Hosanna au plus haut des cieux.

PREGHIERA EUCARISTICA I
(Canone Romano)

PREFAZIO

ACCLAMAZIONE

Santo, Santo, Santo il Signore
Dio dell'universo.
I cieli e la terra sono pieni della
tua gloria.
Osanna nell'alto dei cieli.
Benedetto colui che viene nel
nome del Signore.
Osanna nell'alto dei cieli.

PREX EUCHARISTICA I
(Canon Romanus)

PRÆFATIO

SANCTUS

Sanctus, Sanctus, Sanctus
Dóminus Deus Sabaóth.
Pleni sunt cæli et terra glória
tua.
Hosánna in excélsis.
Benedíctus qui venit in nómine
Dómini.
Hosánna in excélsis.

MODLITWA EUCHARYSTYCZNA I
(Kanon Rzymski)

PREFACJA

AKLAMACJA

Święty, Święty, Święty, Pan, Bóg
Zastępów.
Pełne są niebiosa i ziemia
chwały Twojej.
Hosanna na wysokości.
Błogosławiony, który idzie w
imię Pańskie.
Hosanna na wysokości.

ORAÇÃO EUCARÍSTICA I
(Cânon Romano)

PREFÁCIO

ACLAMAÇÃO

Santo, Santo, Santo,
Senhor, Deus do universo!
O céu e a terra proclamam a
vossa glória.
Hosana nas alturas!
Bendito o que vem em nome
do Senhor!
Hosana nas alturas!

PANALANGIN NG PAGPUPURI AT PAGPAPASALAMAT I
(Pamantayang Panalangin ng Roma)

PREPASYO

PAGBUBUNYI

Santo, Santo, Santo Panginoong
Diyos ng mga hukbo!
Napupuno ang langit at lupa
ng kadakilaan mo!
Osana sa kaitaasan!
Pinagpala ang naparirito sa
ngalan ng Panginoon!
Osana sa kaitaasan!

KINH NGUYỆN THÁNH THỂ I
(Lễ quy Rôma)

LỜI TIỀN TỤNG

XƯỚNG TRƯỚC

Thánh, Thánh, Thánh,
Chúa là Thiên Chúa các Đạo
binh.
Trời đất đầy vinh quang Chúa.
Hoan hô Chúa trên các tầng trời.
Chúc tụng Đấng ngự đến nhân
danh Chúa.
Hoan hô Chúa trên các tầng trời.

To you, therefore, most merciful Father,
we make humble prayer and petition
through Jesus Christ, your Son, our Lord:
that you accept
and bless ✠ these gifts, these offerings,
these holy and unblemished sacrifices,
which we offer you firstly
for your holy catholic Church.
Be pleased to grant her peace,
to guard, unite and govern her throughout the whole world,

Padre misericordioso,
te pedimos humildemente
por Jesucristo, tu Hijo, nuestro Señor,
que aceptes y bendigas
estos ✠ dones,
este sacrificio santo y puro que te ofrecemos,
ante todo, por tu Iglesia santa y católica,
para que le concedas la paz, la protejas,
la congregues en la unidad
y la gobiernes en el mundo entero,
con tu servidor el Papa N., con nuestro Obispo N.,

Père infiniment bon,
toi vers qui montent nos louanges,
nous te supplions
par Jésus Christ, ton Fils, notre Seigneur,
d'accepter et de bénir ✠
ces offrandes saintes.
Nous te les présentons
avant tout pour ta sainte Église catholique :
accorde-lui la paix et protège-la,
daigne la rassembler dans l'unité
et la gouverner par toute la terre ;
nous les présentons en même temps

Padre clementissimo,
noi ti supplichiamo e ti chiediamo
per Gesù Cristo, tuo Figlio e nostro Signore,
di accettare questi doni,
di benedire ✠ queste offerte,
questo santo e immacolato sacrificio.
Noi te l'offriamo anzitutto
per la tua Chiesa santa e cattolica,
perché tu le dia pace e la protegga,
la raccolga nell'unità e la governi su tutta la terra,
con il tuo servo il nostro Papa N.,

Te ígitur, clementíssime Pater,
per Iesum Christum, Fílium tuum,
Dóminum nostrum
súpplices rogámus ac pétimus,
uti accépta hábeas
et benedícas ✠ hæc dona, hæc múnera,
hæc sancta sacrifícia illibáta,
in primis, quæ tibi offérimus
pro Ecclésia tua sancta cathólica:
quam pacificáre, custodíre, adunáre
et régere dignéris toto orbe terrarum:

Ojcze nieskończenie dobry,
pokornie Cię błagamy przez Jezusa Chrystusa, Twojego Syna, naszego Pana,
abyś przyjął i pobłogosławił ✠ te święte dary ofiarne.
Składamy je Tobie przede wszystkim
za Twój święty Kościół powszechny,
razem z Twoim sługą, naszym Papieżem N.
i naszym Biskupem N.
oraz wszystkimi, którzy wiernie strzegą
wiary katolickiej i apostolskiej.

Pai de misericórdia,
a quem sobem nossos louvores,
nós vos pedimos por Jesus Cristo,
vosso Filho e Senhor nosso,
que abençoeis ✠ estas oferendas
apresentadas ao vosso altar.
Nós as oferecemos pela vossa Igreja
santa e católica:
concedei-lhe paz e proteção,
unindo-a num só corpo
e governando-a por toda a terra.
Nós as oferecemos também
pelo vosso servo o papa N.,
por nosso bispo N.,

Ama naming maawain,
ipinaaabot namin ang pasasalamat sa iyo
sa pamamagitan ng aming Panginoong Hesukristo.
Ipinakikiusap namin sa pama-magitan ng Anak mong ito
na ang mga kaloob namin ay tanggapin at basbasan mo ✠
sa pagdiriwang namin ng paghahain niya sa iyo.
Iniaalay namin ito sa iyo, unang-una
para sa iyong banal na Simbahang katolika.
Pagkalooban mo ng kapayapaan at pagkupkop,
pagkakaisa at pagtataguyod,

Lạy Cha rất nhân từ,
Nhờ Đức Giêsu Kitô, Con Cha, Chúa chúng con,
chúng con khẩn khoản nài xin Cha thương nhận
và ban phúc ✠ cho những của lễ hiến dâng, của lễ thượng tiến, của lễ hy sinh tinh tuyền và thánh thiện này.
Chúng con dâng lên Cha
để cầu cách riêng cho Hội Thánh của Cha,
xin Cha thương ban bình an, giữ gìn, hợp nhất
và cai quản Hội Thánh Công giáo khắp hoàn cầu:

together with your servant N.
   our Pope
and N. our Bishop,
and all those who, holding to the
   truth,
hand on the catholic and
   apostolic faith.

Remember, Lord, your servants
   N. and N.
and all gathered here,
whose faith and devotion are
   known to you.
For them, we offer you this
   sacrifice of praise
or they offer it for themselves

---

y todos los demás Obispos que,
   fieles a la verdad,
promueven la fe católica y
   apostólica.

Acuérdate, Señor,
de tus hijos N. y N.
y de todos los aquí reunidos,
   cuya fe y entrega bien
   conoces;
por ellos y todos los suyos,
por el perdón de sus pecados
y la salvación que esperan,

---

pour ton serviteur le Pape N.,
pour notre évêque N.
et tous ceux qui veillent
   fidèlement
sur la foi catholique reçue des
   Apôtres.

Souviens-toi, Seigneur, de tes
   serviteurs
(de N. et N.)
et de tous ceux qui sont ici réunis,
dont tu connais la foi et
   l'attachement. . . .
Nous t'offrons pour eux,

---

il nostro Vescovo N., [con me
   indegno tuo servo]
e con tutti quelli che custodiscono
   la fede cattolica,
trasmessa dagli Apostoli.

Ricordati, Signore, dei tuoi fedeli
   [N. e N.]
Ricòrdati di tutti i presenti,
dei quali conosci la fede e la
   devozione:
per loro ti offriamo
e anch'essi ti offrono questo
   sacrificio di lode

---

una cum fámulo tuo Papa nostro
   N.
et Antístite nostro N.
et ómnibus orthodóxis atque
   cathólicæ,
et apostólicæ fídei cultóribus.

Meménto, Dómine,
famulórum famularúmque
   tuárum N. et N.
et ómnium circumstántium,
quorum tibi fides cógnita est et
   nota devotio,
pro quibus tibi offérimus:
vel qui tibi ófferunt hoc
   sacrifícium laudis,

Obdarz swój Kościół pokojem i
   jednością,
otaczaj opieką i rządź nim na
   całej ziemi.

Pamiętaj, Boże, o swoich sługach
   i służebnicach N. i N.,
i o wszystkich tu
   zgromadzonych,
których wiara i oddanie są Ci
   znane.
Za nich składamy Tobie tę
   Ofiarę uwielbienia,
a także oni ją składają

---

e por todos os que guardam a fé
que receberam dos apóstolos.

Lembrai-vos, ó Pai,
dos vossos filhos e filhas N. N.
e de todos os que circundam
   este altar,
dos quais conheceis a fidelidade
e a dedicação em vos servir.
Eles vos oferecem conosco
este sacrifício de louvor

---

ang mga kaanib nito sa sansinukob,
kaisa ng aming Papa N., na
   iyong lingkod,
kasama ng aming Obispo N.,
at ng lahat ng nananalig at
   nagpapalaganap
sa pananampalatayang katoliko
   na galing sa mga apostol.

Ama namin, iyong alalahanin
ang iyong mga anak na ngayo'y
   aming idinadalangin: N. at N.
Ang aming pananampalataya ay
   nababatid mo
gayun din ang pagsisikap nam-
   ing maging tapat sa iyo.
Ang paghahaing ito ng pagpupuri
   ay aming iniaalay

đồng thời cũng cầu cho tôi tớ
   của Cha là Đức Giáo Hoàng
   T . . .
Đức Giám Mục T . . . chúng con
và mọi đấng trung thành gìn
   giữ đức tin công giáo và tông
   truyền.

Lạy Chúa xin nhớ đến (những)
   tôi tớ của Chúa là . . .
(và . . .)
và mọi người đang sum họp nơi
   đây,
mà Chúa biết rõ lòng tin kính và
   sùng mộ.

and all who are dear to them:
for the redemption of their souls,
in hope of health and well-being,
and paying their homage to you,
the eternal God, living and true.

In communion with those
    whose memory we venerate,
especially the glorious ever-
    Virgin Mary,
Mother of our God and Lord,
    Jesus Christ,
and blessed Joseph, her Spouse,
your blessed Apostles and Martyrs,

---

te ofrecemos, y ellos mismos te
    ofrecen,
este sacrificio de alabanza,
a ti, eterno Dios, vivo y
    verdadero.

Reunidos en comunión con toda
    la Iglesia,
veneramos la memoria
ante todo, de la gloriosa siempre
    Virgen María,
Madre de Jesucristo, nuestro
    Dios y Señor;
la de su esposo, san José;

---

ou ils t'offrent pour eux-mêmes
    et tous les leurs
ce sacrifice de louange,
pour leur propre rédemption,
pour le salut qu'ils espèrent;
et ils te rendent cet hommage,
à toi, Dieu éternel, vivant et vrai.

Dans la communion de toute
    l'Église,
nous voulons nommer en
    premier lieu
la bienheureuse Marie toujours
    Vierge,
Mère de notre Dieu et Seigneur,
    Jésus Christ;

---

e innalzano la preghiera a te,
    Dio eterno, vivo e vero,
per ottenere a sé e ai loro cari
redenzione, sicurezza di vita e
    salute.

In comunione con tutta la Chiesa,
ricordiamo e veneriamo anzitutto
la gloriosa e sempre vergine
    Maria,
Madre del nostro Dio e Signore
    Gesù Cristo,
san Giuseppe, suo sposo,

---

pro se suísque ómnibus:
pro redemptióne animárum suárum,
pro spe salútis et incolumitátis suæ:
tibíque reddunt vota sua,
ætérno Deo, vivo et vero.

Communicántes,
et memóriam venerántes,
in primis gloriósæ semper
    Vírginis Maríæ,
Genetrícis Dei et Dómini nostri
    Iesu Christi:

---

i wznoszą swoje modlitwy ku
    Tobie,
Bogu wiecznemu, żywemu i
    prawdziwemu,
za siebie oraz za wszystkich
    swoich bliskich,
aby dostąpić odkupienia dusz swoich
i osiągnąć zbawienie.

Zjednoczeni z całym Kościołem,
ze czcią wspominamy
najpierw pełną chwały Maryję,
    zawsze Dziewicę,
Matkę Boga i naszego Pana Je-
    zusa Chrystusa,
a także świętego Józefa,
Oblubieńca Najświętszej Dziewicy,

---

por si e por todos os seus,
e elevam a vós as suas preces
para alcançar o perdão de suas
    faltas,
a segurança em suas vidas
e a salvação que esperam.

Em comunhão com toda a Igreja,
veneramos a sempre Virgem Maria,
Mãe de nosso Deus e Senhor
    Jesus Cristo;

---

para sa kapakanan namin
at ng mga mahal namin sa buhay,
para sa aming kalusugan at
    walang hanggang kaligtasan
sa pagdulog namin sa iyong
    kadakilaan,
Diyos na totoo at nabubuhay
    kaylan man.

Kaisa ng buong Simbahan
pinararangalan namin ngayon,
    unang-una
ang Ina ng Diyos at Panginoon
    naming Hesukristo,
si Maria na maluwalhating laging
    Birhen,

Chúng con dâng thay hoặc
    chính họ dâng lên Chúa hy lễ
    ca tụng này
cầu cho mình và cho mọi người
    thân thuộc:
hầu linh hồn được cứu chuộc,
thân xác được an lành mạnh
    khỏe như lòng mong ước:
như vậy, họ được tôn vinh Chúa
là Thiên Chúa thật, hằng hữu và
    hằng sống.

Hiệp thông cùng Hội Thánh,
    chúng con kính nhớ
† trước hết Đức Maria vinh hiển
    trọn đời đồng trinh,
Mẹ của Đức Giêsu Kitô, là Thiên
    Chúa và là Chúa chúng con:

Peter and Paul, Andrew,
(James, John, Thomas, James,
    Philip,
Bartholomew, Matthew,
Simon and Jude;
Linus, Cletus, Clement, Sixtus,
Cornelius, Cyprian,
Lawrence, Chrysogonus,
John and Paul,
Cosmas and Damian)
and all your Saints;
we ask that through their merits
    and prayers,

la de los santos apóstoles y
    mártires
Pedro y Pablo, Andrés,
[Santiago y Juan,
Tomás, Santiago, Felipe,
Bartolomé, Mateo,
Simón y Tadeo;
Lino, Cleto, Clemente, Sixto,
Cornelio, Cipriano,
Lorenzo, Crisógono,
Juan y Pablo,
Cosme y Damián,]
y la de todos los santos;
por sus méritos y oraciones

saint Joseph, son époux,
les saints Apôtres et Martyrs
Pierre et Paul, André,
[Jacques et Jean,
Thomas, Jacques et Philippe,
Barthélemy et Matthieu,
Simon et Jude, Lin, Clet, Clément,
Sixte, Corneille et Cyprien,
Laurent, Chrysogone, Jean et Paul,
Côme et Damien,]
et tous les saints.
Accorde-nous, par leur prière et
    leurs mérites,
d'être, toujours et partout,

i santi apostoli e martiri:
Pietro e Paolo, Andrea,
[Giacomo, Giovanni,
Tommaso, Giacomo, Filippo,
    Bartolomeo,
Matteo, Simone e Taddeo,
Lino, Cleto, Clemente, Sisto,
Cornelio e Cipriano, Lorenzo,
    Crisogono,
Giovanni e Paolo, Cosma e
    Damiano]
e tutti i santi;

† sed et beáti Ioseph, eiúsdem
    Vírginis Sponsi,
et beatórum Apostolórum ac
    Mártyrum tuórum,
Petri et Pauli, Andréæ,
(Iacóbi, Ioánnis,
Thomæ, Iacóbi, Philíppi,
Bartholomǽi, Matthǽi,
Simónis et Thaddǽi:
Lini, Cleti, Cleméntis, Xysti,
Cornélii, Cypriáni,
Lauréntii, Chrysógoni,
Ioánnis et Pauli, Cosmæ et Damiáni)
et ómnium Sanctórum tuórum;
quorum méritis precibúsque
    concédas,

oraz Twoich świętych Apostołów
    i Męczenników:
Piotra i Pawła, Andrzeja,
(Jakuba, Jana, Tomasza,
Jakuba, Filipa, Bartłomieja,
Mateusza, Szymona i Tadeusza,
Linusa, Kleta, Klemensa, Sykstusa,
Korneliusza, Cypriana,
    Wawrzyńca, Chryzogona,
Jana i Pawła, Kosmę i Damiana) i
    wszystkich Twoich Świętych.
Przez ich zasługi i modlitwy

e também São José, esposo de Maria,
os santos Apóstolos e Mártires:
Pedro e Paulo,
André, (Tiago e João,
Tomé, Tiago e Filipe,
Bartolomeu e Mateus,
Simão e Tadeu,
Lino, Cleto, Clemente,
Sisto, Cornélio e Cipriano,
Lourenço e Crisógono,
João e Paulo,
Cosme e Damião),
e todos os vossos Santos.
Por seus méritos e preces

† gayundin ang kanyang kabyak
    ng pusong si San Jose,
ang iyong pinagpalang mga
    apostol at martir
na sina Pedro, Pablo at Andres,
(sina Santiago, Juan,
Tomas, Santiago, Felipe,
Bartolome, Mateo, Simon at Tadeo;
gayundin sina Lino, Cleto,
    Clemente, Sixto,
Cornelio, Cipriano,
Lorenzo, Crisogono, Juan at Pablo,
Cosme at Damian)
at ang lahat ng iyong mga banal.
Pakundangan sa kanilang
    ginawang mga kabutihan
at walang sawang pagdalangin

sau là Thánh Giuse, bạn Đức
    Trinh Nữ,
các Thánh Tông Đồ và Tử Đạo:
    Thánh Phêrô và Phaolô,
    Anrê,
(Giacôbê, Gioan, Tôma,
    Giacôbê, Philipphê,
    Bartôlômêô, Matthêô,
Simon và Tađêô, Linô, Clêtô,
    Clementê, Xistô, Cornêliô,
    Cyprianô,
Laurensô, Crisôgônô, Gioan và
    Phaolô, Cosma và Đamianô)
cùng toàn thể các Thánh,
vì công nghiệp và lời cầu khẩn
    của các ngài,
xin Chúa phù hộ chúng con
    trong mọi sự.

in all things we may be defended
by your protecting help.
(Through Christ our Lord.
    Amen.)

Therefore, Lord, we pray:
graciously accept this oblation of
    our service,
that of your whole family;
order our days in your peace,
and command that we be deliv-
    ered from eternal damnation
and counted among the flock of
    those you have chosen.
(Through Christ our Lord.
    Amen.)

concédenos en todo tu
    protección.
[Por Cristo, nuestro Señor.
    Amén.]

Acepta, Señor, en tu bondad,
    esta ofrenda
de tus siervos y de toda tu
    familia santa;
ordena en tu paz nuestros días,
líbranos de la condenación
    eterna
y cuéntanos entre tus elegidos.
[Por Cristo, nuestro Señor.
    Amén].

forts de ton secours et de ta
    protection.
[Par le Christ, notre Seigneur.
    Amen.]

Voici l'offrande que nous
    présentons devant toi,
nous, tes serviteurs, et ta famille
    entière :
dans ta bienveillance, accepte-la.
Assure toi-même la paix de
    notre vie,
arrache-nous à la damnation
et reçois-nous parmi tes élus.
[Par le Christ, notre Seigneur.
    Amen.]

per i loro meriti e le loro preghiere
donaci sempre aiuto e
    protezione.

Accetta con benevolenza, o
    Signore,
l'offerta che ti presentiamo
noi tuoi ministri e tutta la tua
    famiglia:
disponi nella tua pace i nostri
    giorni,
salvaci dalla dannazione eterna,
e accoglici nel gregge degli eletti.

ut in ómnibus protectiónis tuæ
    muniámur auxílio.
(Per Christum Dóminum
    nostrum. Amen.)

Hanc ígitur oblatiónem servitútis
    nostræ,
sed et cunctæ famíliæ tuæ,
quǽsumus, Dómine, ut placátus
    accípias:
diésque nostros in tua pace
    dispónas,
atque ab ætérna damnatióne nos
    éripi
et in electórum tuórum iúbeas
    grege numerári.
(Per Christum Dóminum nos-
    trum. Amen.)

otaczaj nas we wszystkim swoją
    przemożną opieką.
(Przez Chrystusa, Pana naszego.
    Amen.)

Boże, przyjmij łaskawie tę Ofiarę
od nas, sług Twoich,
i całego ludu Twego.
Napełnij nasze życie swoim
    pokojem,
zachowaj nas od wiecznego
    potępienia
i dołącz do grona swoich
    wybranych.
(Przez Chrystusa, Pana naszego.
    Amen.)

concedei-nos sem cessar a vossa
    proteção.
(Por Cristo, Senhor nosso. Amém).

Recebei, ó Pai, com bondade,
a oferenda dos vossos servos
e de toda a vossa família;
dai-nos sempre a vossa paz,
livrai-nos da condenação
e acolhei-nos entre os vossos
    eleitos.
(Por Cristo, Senhor nosso.
    Amém).

para sa aming kapakanan,
kami ay lagi mong kalingain.
at ipagsanggalang.
(Sa pamamagitan ng aming Pan-
    ginoong Hesukristo. Amen.)

Ama namin, iyong tanggapin
ang handog na ito ng iyong
    buong angkan.
Loobin mong kami'y
    makapamuhay
araw-araw sa iyong kapayapaan.
Huwag mong ipahintulot na
    kami ay mawalay
sa iyo kaylan pa man.
Ibilang mo kami sa iyong mga
    hinirang.
(Sa pamamagitan ng aming Pan-
    ginoong Hesukristo. Amen.)

(Nhờ Đức Kitô, Chúa chúng
    con. Amen.)

Vì vậy, lạy Chúa, xin vui lòng
    chấp nhận lễ vật của chúng
    con,
là tôi tớ Chúa, và của toàn thể
    gia đình Chúa,
xin an bài cho đời chúng con được
    sống trong bình an của Chúa,
cứu chúng con thoát khỏi án
    phạt đời đời
và nhận chúng con vào đoàn
    những người Chúa chọn.
(Nhờ Đức Kitô, Chúa chúng
    con. Amen.)

Be pleased, O God, we pray,
to bless, acknowledge,
and approve this offering in
    every respect;
make it spiritual and acceptable,
so that it may become for us
the Body and Blood of your
    most beloved Son,
our Lord Jesus Christ.

Bendice y santifica, oh Padre,
    esta ofrenda,
haciéndola perfecta,
espiritual y digna de ti,
de manera que sea para nosotros
Cuerpo y Sangre de tu Hijo
    amado,
Jesucristo, nuestro Señor.

Sanctifie pleinement cette
    offrande
par la puissance de ta
    bénédiction,
rends-la parfaite et digne de toi :
qu'elle devienne pour nous
le corps et le sang de ton Fils
    bien-aimé,
Jésus Christ, notre Seigneur.

Santifica, o Dio, questa offerta
con la potenza della tua
    benedizione,
e degnati di accettarla a nostro
    favore,
in sacrificio spirituale e perfetto,
perché diventi per noi
il corpo e il sangue del tuo
    amatissimo Figlio,
il Signore nostro Gesù Cristo.

Quam oblatiónem tu, Deus, in
    ómnibus, quæsumus
benedíctam, adscríptam, ratam,
rationábilem, acceptabilémque
    fácere dignéris:
ut nobis Corpus et Sanguis fiat
    dilectíssimi Fílii tui,
Dómini nostri Iesu Christi.

Prosimy Cię, Boże,
uświęć tę Ofiarę pełnią swojego
    błogosławieństwa,
mocą Twojego Ducha uczyń ją
    doskonałą i miłą sobie,
aby się stała dla nas Ciałem i
    Krwią
Twojego umiłowanego Syna,
naszego Pana Jezusa Chrystusa.

Dignai-vos, ó Pai,
aceitar e santificar estas
    oferendas,
a fim de que se tornem para nós
o Corpo e o Sangue de Jesus
    Cristo,
vosso Filho e Senhor nosso.

Ama namin,
basbasan mo
ang mga handog naming ito.
Marapatin mong sambahin ka namin
sa Espiritu at katotohanan,
kaya para sa amin
ito ay gawin mong maging
    Katawan at Dugo
ng pinakamamahal mong Anak,
ang aming Panginoong
    Hesukristo.

Lạy Chúa, xin thương ban phúc,
    chấp nhận, chuẩn y,
làm cho những lễ vật này được
    hoàn hảo và đẹp lòng Chúa,
hầu trở nên cho chúng con Mình
    và Máu Con chí ái của Chúa
là Đức Giêsu Kitô, Chúa chúng
    con.

On the day before he was to suffer,
he took bread in his holy and
venerable hands,
and with eyes raised to heaven
to you, O God, his almighty
Father,
giving you thanks, he said the
blessing,
broke the bread
and gave it to his disciples, saying:

Take this, all of you, and
eat of it,
for this is my Body,
which will be given up for
you.

El cual, la víspera de su Pasión,
tomó pan en sus santas y
venerables manos,
y, elevando los ojos al cielo,
hacia ti, Dios, Padre suyo
todopoderoso,
dando gracias te bendijo,
lo partió,
y lo dio a sus discípulos,
diciendo:

Tomad y comed todos de él,
porque esto es mi Cuerpo,
que será entregado por
vosotros.

La veille de sa passion,
il prit le pain dans ses mains très
saintes
et, les yeux levés au ciel,
vers toi, Dieu, son Père
tout-puissant,
en te rendant grâce il le bénit,
le rompit,
et le donna à ses disciples, en
disant :

Prenez, et mangez-en tous :
ceci est mon corps
livré pour vous.

La vigilia della sua passione,
egli prese il pane
nelle sue mani sante e venerabili,
e alzando gli occhi al cielo a te
Dio Padre suo onnipotente,
rese grazie con la preghiera di
benedizione,
spezzò il pane, lo diede ai suoi
discepoli, e disse:

Prendete, e mangiatene tutti:
questo è il mio Corpo
offerto in sacrificio per voi.

Qui, prídie quam paterétur,
accépit panem in sanctas ac ven-
erábiles manus suas,
et elevátis óculis in cælum
ad te Deum Patrem suum
omnipoténtem,
tibi grátias agens benedíxit,
fregit,
dedítque discípulis suis, dicens:

Accípite et manducáte ex
hoc omnes:
hoc est enim Corpus meum,
quod pro vobis tradétur.

On to w dzień przed męką
wziął chleb w swoje święte i
czcigodne ręce,
podniósł oczy ku niebu,
do Ciebie, Boga, swojego Ojca
wszechmogącego,
i dzięki Tobie składając,
błogosławił,
łamał i rozdawał swoim
uczniom, mówiąc:

Bierzcie i jedzcie z tego
wszyscy:
To jest bowiem Ciało moje,
które za was będzie
wydane.

Na noite em que ia ser entregue,
ele tomou o pão em suas mãos,
elevou os olhos a vós, ó Pai,
deu graças e o partiu
e deu a seus discípulos,
dizendo:

Tomai, todos, e comei:
isto é o meu Corpo,
que será entregue por vós.

Noong bisperas ng kanyang
pagpapakasakit,
hinawakan niya ang tinapay
sa kanyang banal at kagalang-
galang na mga kamay.
Tumingala siya sa langit,
sa iyo, Diyos Ama niyang
makapangyarihan,
at nagpasalamat siya sa iyo.
Pinaghati-hati niya ang tinapay,
iniabot sa kanyang mga alagad
at sinabi:

Tanggapin ninyong lahat
ito at kanin:
ito ang aking katawan
na ihahandog para sa inyo.

Hôm trước ngày chịu khổ hình,
Người cầm bánh trong tay thánh
thiện khả kính,
ngước mắt lên trời hướng về
Chúa là Cha toàn năng của
Người,
tạ ơn Chúa, dâng lời chúc tụng,
bẻ ra và trao cho các môn đệ mà
nói:

tất cả các con hãy nhận lấy
mà ăn:
vì này là Mình thầy
sẽ bị nộp vì các con.

In a similar way, when supper was ended,
he took this precious chalice
in his holy and venerable hands,
and once more giving you thanks, he said the blessing
and gave the chalice to his disciples, saying:

TAKE THIS, ALL OF YOU, AND DRINK FROM IT,
FOR THIS IS THE CHALICE OF MY BLOOD,
THE BLOOD OF THE NEW AND ETERNAL COVENANT,
WHICH WILL BE POURED OUT FOR YOU AND FOR MANY

Del mismo modo, acabada la cena,
tomó este cáliz glorioso
en sus santas y venerables manos,
dando gracias te bendijo,
y lo dio a sus discípulos, diciendo:

TOMAD Y BEBED TODOS DE ÉL,
PORQUE ÉSTE ES EL CÁLIZ DE MI SANGRE,
SANGRE DE LA ALIANZA NUEVA Y ETERNA,
QUE SERÁ DERRAMADA POR VOSOTROS
Y POR TODOS LOS HOMBRES

De même, à la fin du repas,
il prit dans ses mains cette coupe incomparable;
et te rendant grâce à nouveau il la bénit,
et la donna à ses disciples, en disant :

PRENEZ, ET BUVEZ-EN TOUS,
CAR CECI EST LA COUPE DE MON SANG,
LE SANG DE L'ALLIANCE NOUVELLE ET ÉTERNELLE,
QUI SERA VERSÉ
POUR VOUS ET POUR LA MULTITUDE

Dopo la cena, allo stesso modo,
prese questo glorioso calice
nelle sue mani sante e venerabili,
ti rese grazie con la preghiera di benedizione,
lo diede ai suoi discepoli, e disse:

PRENDETE, E BEVETENE TUTTI:
QUESTO È IL CALICE DEL MIO SANGUE
PER LA NUOVA ED ETERNA ALLEANZA,
VERSATO PER VOI E PER TUTTI

Símili modo, postquam cenátum est,
accípiens et hunc præclárum cálicem
in sanctas ac venerábiles manus suas,
item tibi grátias agens benedíxit,
dedítque discípulis suis, dicens:

ACCÍPITE ET BÍBITE EX EO OMNES:
HIC EST ENIM CALIX SÁNGUINIS MEI
NOVI ET ÆTÉRNI TESTAMÉNTI,
QUI PRO VOBIS ET PRO MULTIS EFFUNDÉTUR

Podobnie po wieczerzy
wziął ten przesławny kielich
w swoje święte i czcigodne ręce,
ponownie dzięki Tobie składając, błogosławił
i podał swoim uczniom mówiąc:

BIERZCIE I PIJCIE Z NIEGO WSZYSCY:
TO JEST BOWIEM KIELICH KRWI MOJEJ
NOWEGO I WIECZNEGO PRZYMIERZA,
KTÓRA ZA WAS I ZA WIELU BĘDZIE WYLANA

Do mesmo modo,
ao fim da ceia,
ele tomou o cálice em suas mãos,
deu graças novamente
e o deu a seus discípulos, dizendo:

TOMAI, TODOS, E BEBEI:
ESTE É O CÁLICE DO MEU SANGUE,
O SANGUE DA NOVA E ETERNA ALIANÇA,
QUE SERÁ DERRAMADO POR VÓS E POR TODOS

Gayun din naman, noong matapos ang hapunan,
hinawakan niya ang kalis na ito ng pagpapala
sa kanyang banal at kagalang-galang na mga kamay,
muli ka niyang pinasalamatan,
iniabot niya ang kalis sa kanyang mga alagad
at sinabi:

TANGGAPIN NINYONG LAHAT ITO AT INUMIN:
ITO ANG KALIS NG AKING DUGO NG BAGO AT WALANG HANG-GANG TIPAN,
ANG AKING DUGO NA IBUBUHOS

Cùng một thể thức ấy, sau bữa ăn tối,
Người cầm chén quí trọng này trong tay thánh thiện khả kính,
cũng tạ ơn Chúa, dâng lời chúc tụng,
và trao cho các môn đệ mà nói:

TẤT CẢ CÁC CON HÃY NHẬN LẤY MÀ UỐNG:
VÌ NÀY LÀ CHÉN MÁU THẦY,
MÁU GIAO ƯỚC MỚI VÀ VĨNH CỬU,
SẼ ĐỔ RA CHO CÁC CON

FOR THE FORGIVENESS OF SINS.
DO THIS IN MEMORY OF ME.

The mystery of faith.

We proclaim your Death, O Lord,
and profess your Resurrection
until you come again.

When we eat this Bread and drink this Cup,

PARA EL PERDÓN DE LOS PECADOS.
HACED ESTO EN CONMEMORACIÓN MÍA.

Éste es el Sacramento de nuestra fe.

Anunciamos tu muerte,
proclamamos tu resurección,
¡Ven, Señor Jesús!

Cada vez que comemos de este pan
y bebemos de este cáliz,

EN RÉMISSION DES PÉCHÉS.
VOUS FEREZ CELA,
EN MÉMOIRE DE MOI.

Il est grand, le mystère de la foi:

Nous proclamons ta mort,
Seigneur Jésus,
nous célébrons ta résurrection,
nous attendons ta venue dans la gloire.

Quand nous mangeons ce pain et buvons à cette coupe, nous célébrons le mystère de la foi:

IN REMISSIONE DEI PECCATI.
FATE QUESTO IN MEMORIA DI ME.

Mistero della fede.

Annunziamo la tua morte,
Signore,
proclamiamo la tua risurrezione,
nell'attesa della tua venuta.

Ogni volta che mangiamo di questo pane
e beviamo a questo calice
annunziamo la tua morte,
Signore,

IN REMISSIÓNEM PECCATÓRUM.
HOC FÁCITE IN MEAM COMMEMORATIÓNEM.

Mystérium fídei.

Mortem tuam annuntiámus,
Dómine,
et tuam resurrectiónem confi-témur, donec vénias.

Quotiescúmque manducámus panem hunc
et cálicem bíbimus,
mortem tuam annuntiámus,
Dómine, donec vénias.

NA ODPUSZCZENIE GRZECHÓW.
TO CZYŃCIE NA MOJĄ PAMIĄTKĘ.

Oto wielka tajemnica wiary.

Głosimy śmierć, Twoją, Panie Jezu,
wyznajemy Twoje zmartwychwstanie
i oczekujemy Twego przyjścia w chwale.

Wielka jest tajemnica naszej wiary.
Ile razy ten chleb spożywamy
i pijemy z tego kielicha
głosimy śmierć Twoją, Panie,

PARA REMISSÃO DOS PECADOS.
FAZEI ISTO EM MEMÓRIA DE MIM.

Eis o mistério da fé!

Anunciamos, Senhor, a vossa morte
e proclamamos a vossa ressurreição.
Vinde, Senhor Jesus!

Todas as vezes que comemos deste pão

PARA SA INYO AT PARA SA LAHAT
SA IKAPAGPAPATAWAD NG MGA KASALANAN.
GAWIN NINYO ITO SA PAG-ALALA SA AKIN.

Ipagbunyi natin ang misteryo ng pananampalataya.

Si Kristo'y namatay!
Si Kristo'y nabuhay!

VÀ NHIỀU NGƯỜI ĐƯỢC THA TỘI
CÁC CON HÃY LÀM VIỆC NÀY MÀ NHỚ ĐẾN THẦY.

Đây là mầu nhiệm đức tin.

Lạy Chúa, chúng con loan truyền Chúa chết
và tuyên xưng Chúa sống lại,
cho tới khi Chúa đến.

Lạy Chúa, mỗi lần ăn bánh và uống chén này,

we proclaim your Death, O
  Lord,
until you come again.

Save us, Savior of the World,
for by your Cross and
  Resurrection
you have set us free.

anunciamos tu muerte, Señor,
  hasta que vuelvas.

Port u cruz y resurrección
nos has salvado, Señor.

Nous rappelons ta mort,
Seigneur ressuscité,
et nous attendons que tu
  viennes.

Proclamons le mystère de la foi:
Gloire à toi qui étais mort,
gloire à toi qui es vivant,
notre Sauveur et notre Dieu:
Viens, Seigneur Jésus!

nell'attesa della tua venuta.

Tu ci hai redenti con la tua
  croce
e la tua risurrezione
salvaci, o Salvatore del mondo.

Salvátor mundi, salva nos,
qui per crucem et resurrectió-
  nem tuam liberásti nos.

oczekując Twego przyjścia w
  chwale.

Uwielbiajmy tajemnicę wiary.
Panie, Ty nas wybawiłeś
przez krzyż i zmartwychwsta-
  nie swoje,
Ty jesteś Zbawicielem świata.

e bebemos deste cálice,
anunciamos, Senhor, a vossa
  morte,
enquanto esperamos a vossa
  vinda!

Salvador do mundo, salvai-nos,
vós que nos libertastes
pela cruz e ressurreição.

Si Kristo'y babalik sa wakas ng
  panahon!

chúng con loan truyền Chúa
  chịu chết, cho tới khi Chúa
  đến.

Lạy Chúa Cứu Thế, Chúa đã
  dùng Thánh giá
và sự phục sinh của Chúa để
  giải thoát chúng con,
xin cứu độ chúng con.

Therefore, O Lord,
as we celebrate the memorial of
the blessed Passion,
the Resurrection from the dead,
and the glorious Ascension into
heaven
of Christ, your Son, our Lord,
we, your servants and your holy
people,
offer to your glorious majesty
from the gifts that you have
given us,
this pure victim,
this holy victim,
this spotless victim,
the holy Bread of eternal life

Por eso, Padre,
nosotros, tus siervos, y todo tu
pueblo santo,
al celebrar este memorial de la
muerte gloriosa
de Jesucristo, tu Hijo, nuestro
Señor;
de su santa resurrección del
lugar de los muertos
y de su admirable ascensión a
los cielos,
te ofrecemos, Dios de gloria y
majestad
de los mismos bienes que nos
has dado,
el sacrificio puro,
inmaculado y santo:

C'est pourquoi nous aussi, tes
serviteurs,
et ton peuple saint avec nous,
faisant mémoire
de la passion bienheureuse de
ton Fils,
Jésus Christ, notre Seigneur,
de sa résurrection du séjour des
morts
et de sa glorieuse ascension dans
le ciel,
nous te présentons, Dieu de
gloire et de majesté,
cette offrande
prélevée sur les biens que tu
nous donnes,
le sacrifice pur et saint, le sacri-
fice parfait,

In questo sacrificio, o Padre,
noi tuoi ministri e il tuo popolo
santo
celebriamo il memoriale
della beata passione,
della risurrezione dai morti
e della gloriosa ascensione al
cielo
del Cristo tuo Figlio e nostro
Signore;
e offriamo alla tua maestà
divina,
tra i doni che ci hai dato,
la vittima pura, santa e
immacolata,

Unde et mémores, Dómine,
nos servi tui,
sed et plebs tua sancta,
eiúsdem Christi, Fílii tui,
Dómini nostri,
tam beátæ passiónis,
necnon et ab ínferis
resurrectiónis,
sed et in cælos gloriósæ
ascensiónis:
offérimus præcláræ maiestáti
tuæ
de tuis donis ac datis
hóstiam puram,
hóstiam sanctam,
hóstiam immaculátam,

Boże Ojcze, my Twoi słudzy,
oraz lud Twój święty,
wspominając błogosławioną
mękę, zmartwychwstanie
oraz chwalebne
wniebowstąpienie Twojego
Syna,
naszego Pana Jezusa Chrystusa,
składamy Twojemu
najwyższemu majestatowi
z otrzymanych od Ciebie darów
Ofiarę czystą, świętą i doskonałą,

Celebrando, pois, a memória
da paixão do vosso Filho,
da sua ressurreição dentre os
mortos
e gloriosa ascensão aos céus,
nós, vossos servos,
e também vosso povo santo,
vos oferecemos, ó Pai,
dentre os bens que nos destes,
o sacrifício perfeito e santo,

Ama,
kaming mga lingkod mo
at bumubuo sa iyong bayang banal
ay nagdiriwang sa alaala ni Kristo
na iyong Anak at aming Panginoon.
Ginugunita namin
ang kanyang dakilang
pagpapakasakit,
ang pagbangon niya mula sa
kamatayan,
at ang matagumpay na pag-
akyat niya sa kalangitan.
Kaya mula sa mga biyayang sa
iyo rin nanggaling
inihahandog namin sa iyong
kataas-taasang kamahalan
ang paghahaing ito na katangi-
tangi at dalisay:

Vì vậy, lạy Chúa,
chúng con là tôi tớ Chúa, và
toàn thể dân Thánh Chúa,
kính nhớ cuộc khổ hình hồng
phúc, sự sống lại từ cõi chết
và lên trời vinh hiển của Đức
Kitô, Con Chúa, Chúa chúng
con,
chúng con lựa chọn trong những
của Chúa đã ban
mà dâng lên trước tôn nhan uy
linh Chúa:
lễ vật thanh khiết,
lễ vật thánh thiện,
lễ vật tinh tuyền,

and the Chalice of everlasting
salvation.

Be pleased to look upon these
offerings
with a serene and kindly
countenance,
and to accept them,
as once you were pleased to accept
the gifts of your servant Abel the
just,
the sacrifice of Abraham, our
father in faith,
and the offering of your high
priest Melchizedek,
a holy sacrifice, a spotless victim.

pan de vida eterna
y cáliz de eterna salvación.

Mira con ojos de bondad esta
ofrenda y acéptala,
como aceptaste los dones del
justo Abel,
el sacrificio de Abraham,
nuestro padre en la fe,
y la oblación pura
de tu sumo sacerdote
Melquisedec.

pain de la vie éternelle et coupe
du salut.

Et comme il t'a plu d'accueillir
les présents d'Abel le Juste,
le sacrifice de notre père
Abraham,
et celui que t'offrit Melchisédech,
ton grand prêtre,
en signe du sacrifice parfait,
regarde cette offrande avec
amour
et, dans ta bienveillance,
accepte-la.

pane santo della vita eterna
e calice dell'eterna salvezza.

Volgi sulla nostra offerta
il tuo sguardo sereno e benigno,
come hai voluto accettare
i doni di Abele, il giusto,
il sacrificio di Abramo, nostro
padre nella fede,
e l'oblazione pura e santa
di Melchisedech, tuo sommo
sacerdote.

Panem sanctum vitæ ætérnæ
et Cálicem salútis perpétuæ.

Supra quæ propítio ac seréno
vultu
respícere dignéris:
et accépta habére,
sícuti accépta habére dignátus es
múnera púeri tui iusti Abel,
et sacrifícium Patriárchæ nostri
Abrahæ,
et quod tibi óbtulit summus sa-
cérdos tuus Melchísedech,
sanctum sacrifícium, immaculá-
tam hóstiam.

Chleb święty życia wiecznego
i Kielich wiekuistego zbawienia.

Racz wejrzeć na nie z miłością i
łaskawie przyjąć,
podobnie jak przyjąłeś dary
swojego sługi,
sprawiedliwego Abla,
i ofiarę naszego Patriarchy
Abrahama
oraz tę ofiarę,
którą Ci złożył najwyższy Twój
kapłan Melchizedek,
jako zapowiedź Ofiary
doskonałej.

pão da vida eterna
e cálice da salvação.

Recebei, ó Pai, esta oferenda,
como recebestes a oferta de
Abel,
o sacrifício de Abraão
e os dons de Melquisedeque.

ang pagkaing nagbibigay-buhay
kaylan man
at ang inuming nagbibigay-kag-
alingang walang katapusan.

Masdan mo nang buong kasiyahan
ang aming mga alay na ito.
Ganapin mo sa mga ito ang
ginawa mo
sa mga handog ni Abel,
ang lingkod na matapat sa iyo,
sa paghahain ni Abraham,
na ama namin sa pananampala-
tayang totoo,
at sa inihandang tinapay at alak
ni Melkisedek,
na paring hirang mo.
Paunlakan mo ngayong tanggapin
ang banal at dalisay na paghahain.

bánh Thánh ban sự sống vĩnh
cửu và chén cứu độ muôn
đời.

Xin Chúa ghé mắt nhân từ và
khoan hậu nhìn đến những
lễ vật này
và thương nhận như đã nhận
lễ vật của Abel tôi trung của
Chúa,
hy lễ của Abraham tổ phụ chúng
con,
hy lễ thánh thiện và lễ vật tinh
tuyền
của Melkisêđê, Thượng tế của
Chúa.

In humble prayer we ask you,
    almighty God:
command that these gifts be
    borne
by the hands of your holy Angel
to your altar on high
in the sight of your divine
    majesty,
so that all of us, who through
    this participation at the altar
receive the most holy Body and
    Blood of your Son,
may be filled with every grace
    and heavenly blessing.
(Through Christ our Lord. Amen.)

Te pedimos humildemente, Dios
    todopoderoso,
que esta ofrenda sea llevada a tu
    presencia,
hasta el altar del cielo,
por manos de tu ángel, para que
    cuantos recibimos
el Cuerpo y la Sangre de tu Hijo
    al participar aquí de este altar,
seamos colmados de gracia y
    bendición.
[Por Cristo, nuestro Señor.
    Amén].

Nous t'en supplions, Dieu tout-
    puissant :
qu'elle soit portée par ton ange
en présence de ta gloire,
sur ton autel céleste,
afin qu'en recevant ici,
par notre communion à l'autel,
le corps et le sang de ton Fils,
nous soyons comblés de ta grâce
    et de tes bénédictions.
[Par le Christ, notre Seigneur.
    Amen.]

Ti supplichiamo, Dio
    onnipotente:
fa' che questa offerta,
per le mani del tuo angelo santo,
sia portata sull'altare del cielo
davanti alla tua maestà divina,
perché su tutti noi che parteci-
    piamo di questo altare,
comunicando al santo mistero
del corpo e sangue del tuo
    Figlio,
scenda la pienezza di ogni grazia
e benedizione del cielo.

Súpplices te rogámus, omnípo-
    tens Deus:
iube hæc perférri per manus
    sancti Angeli tui
in sublíme altáre tuum,
in conspéctu divínæ maiestátis
    tuæ;
ut, quotquot ex hac altáris
    participatióne
sacrosánctum Fílii tui Corpus et
    Sánguinem sumpsérimus,
omni benedictióne cælésti et
    grátia repleámur.
(Per Christum Dóminum
    nostrum. Amen.)

Pokornie Cię błagamy,
    wszechmogący Boże,
niech Twój święty Anioł zaniesie
    tę ofiarę na ołtarz w niebie,
przed oblicze Boskiego majestatu
    Twego,
abyśmy przyjmując z tego
    ołtarza
Najświętsze Ciało i Krew
    Twojego Syna,
otrzymali obfite
    błogosławieństwo i łaskę.
(Przez Chrystusa, Pana naszego.
    Amen.)

Nós vos suplicamos
que ela seja levada à vossa
    presença,
para que, ao participarmos deste
    altar,
recebendo o Corpo e o Sangue
    de vosso Filho,
sejamos repletos de todas as
    graças
e bênçãos do céu.
(Por Cristo, Senhor nosso.
    Amém).

Makapangyarihang Diyos,
hinihiling naming iyong
    ipaakyat sa banal mong
    anghel
ang mga alay na ito sa dakilang
    dambanang nasa iyong harap
upang sa pagsasalo sa banal na
    Katawan at Dugo ng iyong
    Anak
sa pakikinabang namin ngayon
dito sa banal mong hapag
kami ay mapuspos ng iyong pag-
    papala ✠
at tanang pagbabasbas
(Sa pamamagitan ng aming Pan-
    ginoong Hesukristo. Amen.)

Lạy Chúa toàn năng, chúng con
    nài xin Chúa
sai Sứ Thần dâng lễ vật này lên
    bàn thờ cao sang,
trước tôn nhan uy linh Chúa,
    để hết thảy khi tham dự bàn
    tiệc này,
là rước Mình và Máu cực Thánh
    Con Chúa,
chúng con được ✠ tràn đầy ân
    phúc bởi trời.
(Nhờ Đức Kitô, Chúa chúng
    con. Amen.)

Remember also, Lord, your
     servants N. and N.,
who have gone before us with
     the sign of faith
and rest in the sleep of peace.
Grant them, O Lord, we pray,
and all who sleep in Christ,
a place of refreshment, light and
     peace.
(Through Christ our Lord.
     Amen.)

Acuérdate también, Señor, de
     tus hijos N. y N.,
que nos han precedido con el
     signo de la fe
y duermen ya el sueño de la paz.
A ellos, Señor,
y a cuantos descansan en Cristo,
concédeles el lugar del consuelo,
     de la luz y de la paz.
[Por Cristo, nuestro Señor.
     Amén].

Souviens-toi de tes serviteurs
     (de N. et N.)
qui nous ont précédés,
marqués du signe de la foi,
et qui dorment dans la paix . . .
Pour eux et pour tous ceux qui
     reposent dans le Christ,
nous implorons ta bonté :
qu'ils entrent dans la joie, la paix
     et la lumière.
[Par le Christ, notre Seigneur.
     Amen.]

Ricordati, o Signore, dei tuoi
     fedeli [N. e N.],
che ci hanno preceduto con il
     segno della fede
e dormono il sonno della pace.
Dona loro, Signore,
e a tutti quelli che riposano in
     Cristo,
la beatitudine, la luce e la pace.

Meménto étiam, Dómine,
famulórum famularúmque
     tuárum N. et N.,
qui nos præcessérunt cum signo
     fídei,
et dórmiunt in somno pacis.
Ipsis, Dómine, et ómnibus in
     Christo quiescéntibus,
locum refrigérii, lucis et pacis,
ut indúlgeas, deprecámur.
(Per Christum Dóminum
     nostrum. Amen.)

Pamiętaj, Boże o swoich sługach
     i służebnicach N. i N.,
którzy przed nami odeszli ze
     znakiem wiary
i śpią w pokoju.
Błagamy Cię, daj tym zmarłym
oraz wszystkim spoczywającym
     w Chrystusie
udział w Twojej radości,
     światłości i pokoju.
(Przez Chrystusa, Pana naszego.
     Amen.)

Lembrai-vos, ó Pai,
dos vossos filhos e filhas N. N.
que partiram desta vida,
marcados com o sinal da fé.
A eles,
e a todos os que adormeceram
     no Cristo,
concedei a felicidade, a luz e a
     paz.
(Por Cristo, Senhor nosso.
     Amém).

Ama namin, iyo ring alalahanin
ang mga anak mong naunang
     yumao sa amin
sa paghimlay sa iyong kapayapaan
yamang ang tatak ng
     pananampalataya
ay kanilang taglay
at sila ngayo'y aming ipinagdarasal:
N. at N.
Sila at ang tanang nahihimlay sa
     kandungan ni Kristo
ay aming idinadalangin sa iyo
upang iyong pagbigyang makarating
sa pagsasalo, pagliliwanag at
     pamamahinga sa iyong piling.
(Sa pamamagitan ng aming Pan-
     ginoong Hesukristo. Amen.)

Lạy Chúa, xin cũng nhớ đến
     (những) tôi tớ Chúa là . . .
     (và . . .)
được ghi dấu đức tin, đã ra đi
     trước chúng con
và đang nghỉ giấc bình an.
Lạy Chúa, chúng con xin Chúa
     thương ban cho các tín hữu
     ấy, và tất cả mọi người,
đặc biệt các bậc tổ tiên, ông bà,
     cha mẹ
và thân bằng quyến thuộc chúng
     con,
đã an nghỉ trong Đức Kitô
được vào nơi hạnh phúc sáng
     láng và bình an.
(Nhờ Đức Kitô, Chúa chúng
     con. Amen.)

To us, also, your servants, who, though sinners,
hope in your abundant mercies,
graciously grant some share
and fellowship with your holy
Apostles and Martyrs:
with John the Baptist, Stephen,
Matthias, Barnabas,
(Ignatius, Alexander,
Marcellinus, Peter,
Felicity, Perpetua,
Agatha, Lucy,
Agnes, Cecilia, Anastasia)
and all your Saints;
admit us, we beseech you,
into their company,

Y a nosotros, pecadores, siervos tuyos,
que confiamos en tu infinita misericordia, admítenos en la asamblea de los santos apóstoles
y mártires Juan el Bautista, Esteban,
Matías y Bernabé,
[Ignacio, Alejandro,
Marcelino y Pedro,
Felicidad y Perpetua,
Águeda, Lucía,
Inés, Cecilia, Anastasia,]
y de todos los santos;

Et nous, pécheurs,
qui mettons notre espérance
en ta miséricorde inépuisable,
admets-nous dans la communauté
des bienheureux Apôtres et Martyrs,
de Jean Baptiste, Étienne,
Matthias et Barnabé,
[Ignace, Alexandre,
Marcellin et Pierre,
Félicité et Perpétue,
Agathe, Lucie,
Agnès, Cécile, Anastasie,]
et de tous les saints.
Accueille-nous dans leur compagnie,

Anche a noi, tuoi ministri, peccatori,
ma fiduciosi nella tua infinita misericordia,
concedi, o Signore,
di aver parte nella comunità
dei tuoi santi apostoli e martiri:
Giovanni, Stefano, Mattia, Barnaba,
[Ignazio, Alessandro, Marcellino e Pietro,
Felicita, Perpetua, Agata, Lucia,
Agnese, Cecilia, Anastasia]
e tutti i santi:
ammettici a godere della loro sorte beata

Nobis quoque peccatóribus fámulis tuis,
de multitúdine miseratiónum tuárum sperántibus,
partem áliquam et societátem donáre dignéris
cum tuis sanctis Apóstolis et Martyribus:
cum Ioánne, Stéphano, Matthía, Bárnaba,
(Ignátio, Alexándro, Marcellíno, Petro,
Felicitáte, Perpétua, Agatha, Lúcia,
Agnéte, Cæcília, Anastásia)
et ómnibus Sanctis tuis:
intra quorum nos consórtium,

Również nam, Twoim grzesznym sługom,
ufającym w Twoje miłosierdzie,
daj udział we wspólnocie z Twoimi świętymi Apostołami i Męczennikami:
Janem Chrzcicielem, Szczepanem, Maciejem, Barnabą,
(Ignacym, Aleksandrem, Marcelinem, Piotrem,
Felicytą, Perpetuą,
Agatą, Łucją,
Agnieszką, Cecylią, Anastazją)
i wszystkimi Twoimi Świętymi;
prosimy Cię, dopuść nas do ich grona

E a todos nós pecadores,
que confiamos na vossa imensa misericórdia,
concedei, não por nossos méritos,
mas por vossa bondade,
o convívio dos Apóstolos e Mártires:
João Batista e Estêvão,
Matias e Barnabé,
(Inácio, Alexandre, Marcelino e Pedro;
Felicidade e Perpétua, Águeda e Luzia,
Inês, Cecília, Anastácia)

Kahit kami ay mga makasalanan mong lingkod
kami rin ay nagtitiwala sa iyong nag-uumapaw na pagkamapagbigay sa aming pamumuhay araw-araw.
Kaya pagindapatin mo ring kami ay makaugnay at makapiling ng iyong mga banal na apostol at martir,
kasama nina Juan Bautista, Esteban, Matias, Bernabe,
(Ignacio, Alejandro, Marcelino, Pedro,
Felicidad, Perpetua, Agata, Lucia
Agnes, Cecilia, Anastasia)
at ng lahat ng iyong mga banal.
Kami nawa'y makapisan nila

Xin cũng cho chúng con, là tôi tớ tội lỗi,
đang hy vọng vào lượng từ bi hải hà của Chúa
được thông phần với cộng đoàn các Thánh Tông Đồ
và các Thánh Tử Đạo:
Thánh Gioan, Têphanô, Matthia, Barnaba,
(Inhaxiô, Alexanđrô, Marcellinô, Phêrô,
Phêlixita, Perpetua, Agata, Luxia, Anê, Xêxilia, Anastasia)
và toàn thể các Thánh,
Xin Chúa đừng xét theo công nghiệp chúng con,

not weighing our merits,
but granting us your pardon,
through Christ our Lord.

Through whom
you continue to make all these
good things, O Lord;
you sanctify them, fill them with
life,
bless them, and bestow them
upon us.

y acéptanos en su compañía,
no por nuestros méritos,
sino conforme a tu bondad.

Por Cristo, Señor nuestro,
por quien sigues creando todos
los bienes,
los santificas, los llenas de vida,
los bendices y los repartes entre
nosotros.

sans nous juger sur le mérite
mais en accordant ton pardon,
par Jésus Christ, notre Seigneur.

C'est par lui que tu ne cesses de
créer tous ces biens,
que tu les bénis,
leur donnes la vie,
les sanctifies
et nous en fais le don.

non per i nostri meriti,
ma per la ricchezza del tuo
perdono.

Per Cristo nostro Signore
tu, o Dio, crei e santifichi
sempre,
fai vivere, benedici
e doni al mondo ogni bene.

non æstimátor mériti,
sed véniæ, quǽsumus, largítor
admítte.
Per Christum Dóminum nostrum.

Per quem hæc ómnia, Dómine,
semper bona creas, sanctíficas,
vivíficas, benedícis,
et præstas nobis.

nie z powodu naszych zasług,
lecz dzięki Twojemu
przebaczeniu.

Przez Chrystusa, naszego Pana,
przez którego, Boże, wszystkie
te dobra
ustawicznie stwarzasz,
uświęcasz, ożywiasz,
błogosławisz i nam ich udzielasz.

e todos os vossos santos.
Por Cristo, Senhor nosso.

Por ele
não cessais de criar
e santificar estes bens
e distribuí-los entre nós.

hindi dahil sa aming ginagawang
kabutihang kulang na kulang
kundi pakundangan sa iyong
pagpupuno
sa aming kakulangan.
Sa pamamagitan ng aming Pan-
ginoong Hesukristo.

Sa kanyang pamamagitan
ang tanang mabubuting kaloob
mong ito
ay lagi mong pinaiiral,
pinababanal,
binubuhay, binabasbasan
at sa amin ibinibigay.

nhưng rộng lòng tha thứ
mà cho chúng con được đồng
phận với các ngài.
Nhờ Đức Kitô, Chúa chúng con.

Lạy Chúa, nhờ Người,
Chúa hằng sáng tạo, thánh hóa,
ban sinh lực, giáng phúc
và phân phát cho chúng con tất
cả những lễ vật này.

Through him, and with him, and in him,
O God, almighty Father,
in the unity of the Holy Spirit,
all glory and honor is yours,
for ever and ever.

Amen.

Continued, p. 74

Por Cristo,
con él y en él,
a ti,
Dios Padre omnipotente,
en la unidad del Espíritu Santo,
todo honor y toda gloria
por los siglos de los siglos.

Amén.

Continuado, p. 74

Par lui, avec lui et en lui,
à toi, Dieu le Père tout-puissant,
dans l'unité du Saint-Esprit,
tout honneur et toute gloire,
pour les siècles des siècles.

Amen.

Suite, p. 74

Per Cristo, con Cristo e in Cristo,
a te, Dio Padre onnipotente
nell'unità dello Spirito Santo
ogni onore e gloria
per tutti i secoli dei secoli.

Amen.

Continua, p. 74

Per ipsum, et cum ipso, et in ipso,
est tibi Deo Patri omnipoténti,
in unitáte Spíritus Sancti,
omnis honor et glória
per ómnia sǽcula sæculórum.

Amen.

Permansit, p. 74

Przez Chrystusa, z Chrystusem i w Chrystusie,
Tobie, Boże, Ojcze wszechmogący,
w jedności Ducha Świętego,
wszelka cześć i chwała,
przez wszystkie wieki wieków.

Amen.

Ciąg dalszy, s. 74

Por Cristo, com Cristo, em Cristo,
a vós, Deus Pai todo-poderoso,
na unidade do Espírito Santo,
toda a honra e toda a glória,
agora e para sempre.

Amém.

Continuado, pg. 74

Sa pamamagitan ni Kristo,
kasama niya, at sa kanya
ang lahat ng parangal at papuri
ay sa iyo,
Diyos Amang makapangyarihan,
kasama ng Espiritu Santo
magpasawalang hanggan.

Amen.

Patuloy, p. 74

Chính nhờ Người, với Người và trong Người
mà mọi danh dự và vinh quang
đều quy về Chúa, là Cha toàn năng,
trong sự hợp nhất của Chúa Thánh Thần đến muôn đời.

Amen.

Xin xem tiếp trang, 74

EUCHARISTIC PRAYER II

It is truly right and just, our duty
    and our salvation,
always and everywhere to give
    you thanks, Father most holy,
through your beloved Son, Jesus
    Christ,
your Word through whom you
    made all things,
whom you sent as our Savior
    and Redeemer,
incarnate by the Holy Spirit and
    born of the Virgin.

PLEGARIA EUCARÍSTICA II

En verdad es justo y necesario,
es nuestro deber y salvación
darte gracias, Padre santo,
    siempre y en todo lugar,
por Jesucristo, tu Hijo amado.
Por él, que es tu Palabra, hiciste
    todas las cosas;
tú nos lo enviaste para que,
    hecho hombre
por obra del Espíritu Santo y
    nacido de María,
la Virgen, fuera nuestro Salvador
    y Redentor.

PRIÈRE EUCHARISTIQUE II

Vraiment, Père très saint,
il est juste et bon de te rendre grâce,
toujours et en tout lieu,
par ton Fils bien-aimé, Jésus Christ:
Car il est ta Parole vivante,
par qui tu as créé toutes choses;
C'est lui que tu nous as envoyé
comme Rédempteur et Sauveur,
Dieu fait homme, conçu de
    l'Esprit Saint,
né de la Vierge Marie;
Pour accomplir jusqu'au bout ta
    volonté

PREGHIERA EUCARISTICA II

E' veramente cosa buona e giusta,
nostro dovere e fonte di salvezza,
rendere grazie sempre e in ogni
    luogo
a te, Padre santo,
per Gesù Cristo, tuo dilettissimo
    Figlio.
Egli è la tua Parola vivente,
per mezzo di lui hai creato tutte
    le cose,
e lo hai mandato a noi salvatore
    e redentore,
fatto uomo per opera dello
    Spirito Santo

PREX EUCHARISTICA II

Vere dignum et iustum est,
    æquum et salutáre,
nos tibi, sancte Pater,
semper et ubíque grátias ágere
per Fílium dilectiónis tuæ Iesum
    Christum,
Verbum tuum per quod cuncta
    fecísti:
quem misísti nobis Salvatórem
    et Redemptórem,
incarnátum de Spíritu Sancto et
    ex Vírgine natum.
Qui voluntátem tuam adímplens

MODLITWA EUCHARYSTYCZNA II

Zaprawdę, godne to i
    sprawiedliwe,
słuszne i zbawienne,
abyśmy Tobie, Ojcze święty,
zawsze i wszędzie składali
    dziękczynienie
przez umiłowanego Syna
    Twojego Jezusa Chrystusa.
On jest słowem Twoim, przez
    które wszystko stworzyłeś.
Jego nam zesłałeś jako Zba-
    wiciela i Odkupiciela,
który stał się człowiekiem za
    sprawą Ducha Świętego

ORAÇÃO EUCARÍSTICA II

Na verdade, é justo e necessário,
é nosso dever e salvação
dar-vos graças, sempre e em todo
    o lugar, Senhor, Pai santo,
Deus eterno e todo-poderoso,
    por Cristo, Senhor nosso.
Ele é a vossa palavra viva, pela
    qual tudo criastes.
Ele é o nosso Salvador e Reden-
    tor, verdadeiro homem,
concebido do Espírito Santo e
    nascido da Virgem Maria.

PANALANGIN NG PAGPUPURI AT PAGPAPASALAMAT II

Ama naming makapangyarihan,
tunay ngang marapat
na ikaw ay aming pasalamatan
sa pamamagitan ni Hesukristo
na aming Panginoon.
Siya ang Salitang katuwang mo
    at kapiling
noong ang lahat ng umiiral ay
    iyong likhain.
Siya'y sinugo mo para kami
    sagipi't palayain
kaya't siya'y kinalinga ng Mahal
    na Birhen

KINH NGUYỆN THÁNH THỂ II

Lạy Cha chí thánh,
nhờ Con yêu quí của Cha là
    Chúa Giêsu Kitô,
chúng con tạ ơn Cha mọi nơi,
    mọi lúc
thật là chính đáng, phải đạo và
    đem lại ơn cứu độ cho chúng
    con.
Người là Ngôi Lời của Cha,
nhờ Người, Cha đã tạo dựng
    muôn loài,
Người được Cha sai đến làm
    Đấng Cứu Độ và Chuộc Tội
    chúng con,

Fulfilling your will and gaining
for you a holy people,
he stretched out his hands as he
endured his Passion,
so as to break the bonds of
death and manifest the
resurrection.
And so, with the Angels and all
the Saints
we declare your glory,
as with one voice we acclaim:

**Holy, Holy, Holy Lord God of
hosts.**
**Heaven and earth are full of
your glory.**

Él, en cumplimiento de tu
voluntad,
para destruir la muerte
y manifestar la resurrección,
extendió sus brazos en la cruz,
y así adquirió para ti un pueblo
santo.
Por eso, con los ángeles y los
santos,
proclamamos tu gloria,
diciendo:

**Santo, Santo, Santo es el Señor,
Dios del universo.**
**Llenos están el cielo y la tierra
de tu gloria.**

et rassembler du milieu des hommes
un peuple saint qui t'appartienne,
il étendit les mains à l'heure de
sa passion,
afin que soit brisée la mort,
et que la résurrection soit
manifestée.
C'est pourquoi,
avec les anges et tous les saints,
nous proclamons ta gloire,
en chantant (disant) d'une seule
voix :

**Saint! Saint! Saint, le Seigneur,
Dieu de l'univers!**
**Le ciel et la terre sont remplis
de ta gloire.**

e nato dalla Vergine Maria.
Per compiere la tua volontà
e acquistarti un popolo santo,
egli stese le braccia sulla croce,
morendo distrusse la morte
e proclamò la risurrezione.
Per questo mistero di salvezza,
uniti agli angeli e ai santi,
cantiamo a una sola voce la tua
gloria:

**Santo, Santo, Santo il Signore
Dio dell'universo.**
**I cieli e la terra sono pieni della
tua gloria.**

et pópulum tibi sanctum
acquírens
exténdit manus cum paterétur,
ut mortem sólveret et resurrec-
tiónem manifestáret.
Et ídeo cum Angelis et ómnibus
Sanctis
glóriam tuam prædicámus, una
voce dicéntes:

**Sanctus, Sanctus, Sanctus
Dóminus Deus Sábaoth.**
**Pleni sunt cæli et terra glória
tua.**

i narodził się z Dziewicy.
On spełniając Twoją wolę
nabył dla Ciebie lud święty,
gdy wyciągnął ręce swoje na
krzyżu,
aby śmierć pokonać i objawić
moc zmartwychwstania.
Dlatego z Aniołami i wszystkimi
Świętymi
głosimy Twoją chwałę razem z
nimi wołając:

**Święty, Święty, Święty, Pan, Bóg
Zastępów.**
**Pełne są niebiosa i ziemia
chwały Twojej.**

Ele, para cumprir a vossa vontade
e reunir um povo santo em
vosso louvor,
estendeu os braços na hora da
sua paixão
a fim de vencer a morte e mani-
festar a ressurreição.
Por ele, os anjos celebram vossa
grandeza
e os santos proclamam vossa glória.
Concedei-nos também a nós
associar-nos a seus louvores,
cantando (dizendo) a uma só voz:

**Santo, Santo, Santo,
Senhor, Deus do universo!**

na naging kanyang Inang totoo
sa kapangyarihan ng Espiritu
Santo.
Inako niyang sundin ang loob mo
at kamtin ang sambayanang
banal para sa iyo.
Pinagtiisan niyang iunat sa krus
ang kanyang mga kamay
upang magwakas ang kamatayan
at mahayag ang pagkabuhay.
Kaya kaisa ng mga anghel
na nagsisiawit ng papuri sa iyo
nang walang humpay sa kalangitan,
kami'y nagbubunyi sa iyong
kadakilaan:

**Santo, Santo, Santo Panginoong
Diyos ng mga hukbo!**

Người đã nhập thể bởi phép
Chúa Thánh Thần
và được Đức Trinh Nữ sinh ra.
Để chu toàn thánh ý Cha
và để gây dựng cho Cha một dân
tộc thánh thiện,
Người đã dang tay chịu khổ
hình
để tiêu diệt sự chết và biểu hiện
sự sống lại.
Vì thế, cùng với các Thiên thần
và toàn thể các Thánh,
chúng con ca tụng vinh quang
Cha và đồng thanh tung hô
rằng:

**Thánh, Thánh, Thánh,
Chúa là Thiên Chúa các Đạo binh.**

Hosanna in the highest.
Blessed is he who comes in the name of the Lord.
Hosanna in the highest.

You are indeed Holy, O Lord, the fount of all holiness.

Make holy, therefore, these gifts, we pray, by sending down your Spirit upon them like the dewfall, so that they may become for us the Body and ✠ Blood of our Lord, Jesus Christ.

Hosanna en el cielo.
Bendito el que viene en nombre del Señor.
Hosanna en el cielo.

Santo eres en verdad, Señor, fuente de toda santidad;

por eso te pedimos que santifiques estos dones con la efusión de tu Espíritu, de manera que sean para nosotros Cuerpo y ✠ Sangre de Jesucristo, nuestro Señor.

Hosanna au plus haut des cieux.
Béni soit celui qui vient au nom du Seigneur.
Hosanna au plus haut des cieux.

Toi qui es vraiment saint, toi qui es la source de toute sainteté, Seigneur, nous te prions :

Sanctifie ces offrandes en répandant sur elles ton Esprit; qu'elles deviennent pour nous le corps ✠ et le sang de Jésus, le Christ, notre Seigneur.

Osanna nell'alto dei cieli.
Benedetto colui che viene nel nome del Signore.
Osanna nell'alto dei cieli.

Padre veramente santo, fonte di ogni santità,

santifica questi doni con l'effusione del tuo Spirito perché diventino per noi il corpo e ✠ il sangue di Gesù Cristo nostro Signore.

Hosánna in excélsis.
Benedíctus qui venit in nómine Dómini.
Hosánna in excélsis.

Vere Sanctus es, Dómine, fons omnis sanctitátis.

Hæc ergo dona, quǽsumus, Spíritus tui rore sanctífica, ut nobis Corpus et ✠ Sanguis fiant Dómini nostri Iesu Christi.

Hosanna na wysokości.
Błogosławiony, który idzie w imię Pańskie.
Hosanna na wysokości.

Zaprawdę, święty jesteś, Boże, źródło wszelkiej świętości.

Uświęć te dary mocą Twojego Ducha, aby stały się dla nas Ciałem ✠ i Krwią naszego Pana Jezusa Chrystusa.

O céu e a terra proclamam a vossa glória.
Hosana nas alturas!
Bendito o que vem em nome do Senhor!
Hosana nas alturas!

Na verdade, ó Pai, vós sois santo e fonte de toda santidade.

Santificai, pois, estas oferendas, derramando sobre elas o vosso Espírito, a fim de que se tornem para nós o Corpo e ✠ o Sangue de Jesus Cristo, vosso Filho e Senhor nosso.

Napupuno ang langit at lupa ng kadakilaan mo!
Osana sa kaitaasan!
Pinagpala ang naparirito sa ngalan ng Panginoon!
Osana sa kaitaasan!

Ama naming banal, ikaw ang bukal ng tanang kabanalan.

Kaya't sa pamamagitan ng iyong Espiritu gawin mong banal ang mga kaloob na ito upang para sa ami'y maging Katawan at Dugo ✠ ng aming Panginoong Hesukristo.

Trời đất đầy vinh quang Chúa.
Hoan hô Chúa trên các tầng trời.
Chúc tụng Đấng ngự đến nhân danh Chúa.
Hoan hô Chúa trên các tầng trời.

Lạy Chúa, Chúa thật là Đấng Thánh, là nguồn mọi sự thánh thiện.

Vì thế, chúng con nài xin Chúa dùng ơn Thánh Thần Chúa thánh hóa những của lễ này, để trở nên cho chúng con, Mình và ✠ Máu Đức Giêsu Kitô, Chúa chúng con.

At the time he was betrayed
and entered willingly into his
    Passion,
he took bread and, giving
    thanks, broke it,
and gave it to his disciples, saying:

Take this, all of you, and
    eat of it,
for this is my Body,
which will be given up for you.

In a similar way, when supper
    was ended,
he took the chalice

El cual,
cuando iba a ser entregado a su
    Pasión,
voluntariamente aceptada,
tomó pan, dándote gracias, lo
    partió
y lo dio a sus discípulos, diciendo:

Tomad y comed todos de él,
porque esto es mi Cuerpo,
que será entregado por
    vosotros.

Del mismo modo, acabada la
    cena,

Au moment d'être livré
et d'entrer librement dans sa
    passion,
il prit le pain,
il rendit grâce,
il le rompit
et le donna à ses disciples, en
    disant :

Prenez, et mangez-en tous :
ceci est mon corps
livré pour vous.

De même, à la fin du repas,
il prit la coupe;

Egli, offrendosi liberamente alla
    sua passione,
prese il pane e rese grazie,
    lo spezzo, lo diede ai suoi
    discepoli, e disse:

Prendete, e mangiatene tutti:
questo è il mio Corpo
offerto in sacrificio per voi.

Dopo la cena, allo stesso modo,
prese il calice e rese grazie,

Qui cum Passióni voluntárie
    traderétur,
accépit panem et grátias agens
    fregit,
dedítque discípulis suis, dicens:

Accípite et manducáte ex
    hoc omnes:
hoc est enim Corpus meum,
quod pro vobis tradétur.

Símili modo, postquam cenátum
    est,
accípiens et cálicem,

On to, gdy dobrowolnie wydał
    się na mękę,
wziął chleb i dzięki Tobie
    składając,
łamał i rozdawał swoim uczniom,
    mówiąc:

Bierzcie i jedzcie z tego
    wszyscy:
To jest bowiem Ciało moje,
które za was będzie
    wydane.

Podobnie po wieczerzy
wziął kielich

Estando para ser entregue
e abraçando livremente a paixão,
ele tomou o pão,
deu graças,
e o partiu
e deu a seus discípulos, dizendo:

Tomai, todos, e comei:
isto é o meu Corpo,
que será entregue por vós.

Do mesmo modo,
ao fim da ceia,
ele tomou o cálice em suas
    mãos,

Bago niya pinagtiisang kusang
    loob
na maging handog,
hinawakan niya ang tinapay,
pinasalamatan ka niya,
pinaghati-hati niya iyon,
iniabot sa kanyang mga alagad
at sinabi:

Tanggapin ninyong lahat
    ito at kanin:
ito ang aking katawan
na ihahandog para sa inyo.

Gayun din naman, noong mata-
    pos ang hapunan,
hinawakan niya ang kalis,
muli ka niyang pinasalamatan,

Khi tự nguyện nộp mình chịu
    khổ hình,
Người cầm lấy bánh, tạ ơn,
bẻ ra và trao cho các môn đệ mà
    nói:

tất cả các con hãy nhận lấy
    mà ăn:
vì này là Mình thầy
sẽ bị nộp vì các con.

Cùng một thể thức ấy, sau bữa
    ăn tối,

and, once more giving thanks,
he gave it to his disciples, saying:

TAKE THIS, ALL OF YOU, AND
    DRINK FROM IT,
FOR THIS IS THE CHALICE OF MY
    BLOOD,
THE BLOOD OF THE NEW AND
    ETERNAL COVENANT,
WHICH WILL BE POURED OUT
    FOR YOU AND FOR MANY
FOR THE FORGIVENESS OF SINS.
DO THIS IN MEMORY OF ME.

The mystery of faith.

---

tomó el cáliz, y, dándote gracias
    de nuevo,
lo pasó a sus discípulos, diciendo:

TOMAD Y BEBED TODOS DE ÉL,
PORQUE ÉSTE ES EL CÁLIZ DE MI
    SANGRE,
SANGRE DE LA ALIANZA NUEVA
    Y ETERNA,
QUE SERÁ DERRAMADA POR
    VOSOTROS
Y POR TODOS LOS HOMBRES
    PARA EL PERDÓN DE LOS
    PECADOS.
HACED ESTO EN CONMEMO-
    RACIÓN MÍA.

Éste es el Sacramento de nuestra fe.

---

de nouveau il rendit grâce,
et la donna à ses disciples, en
    disant :

PRENEZ, ET BUVEZ-EN TOUS,
CAR CECI EST LA COUPE DE MON
    SANG,
LE SANG DE L'ALLIANCE
    NOUVELLE ET ÉTERNELLE,
QUI SERA VERSÉ
POUR VOUS ET POUR LA
    MULTITUDE
EN RÉMISSION DES PÉCHÉS.
VOUS FEREZ CELA,
EN MÉMOIRE DE MOI.

Il est grand, le mystère de la foi :

---

lo diede ai suoi discepoli, e disse:

PRENDETE, E BEVETENE TUTTI:
QUESTO È IL CALICE DEL MIO
    SANGUE
PER LA NUOVA ED ETERNA
    ALLEANZA,
VERSATO PER VOI E PER TUTTI
IN REMISSIONE DEI PECCATI.
FATE QUESTO IN MEMORIA DI
    ME.

Mistero della fede.

íterum grátias agens dedit
    discípulis suis, dicens:

ACCÍPITE ET BÍBITE EX EO
    OMNES:
HIC EST ENIM CALIX SÁNGUINIS
    MEI
NOVI ET ÆTÉRNI TESTAMÉNTI,
QUI PRO VOBIS ET PRO MULTIS
    EFFUNDÉTUR
IN REMISSIÓNEM PECCATÓRUM.
HOC FÁCITE IN MEAM
    COMMEMORATIÓNEM

Mystérium fídei.

---

i ponownie dzięki Tobie
    składając,
podał swoim uczniom, mówiąc:

BIERZCIE I PIJCIE Z NIEGO
    WSZYSCY:
TO JEST BOWIEM KIELICH KRWI
    MOJEJ
NOWEGO I WIECZNEGO
    PRZYMIERZA,
KTÓRA ZA WAS I ZA WIELU
    BĘDZIE WYLANA
NA ODPUSZCZENIE GRZECHÓW.
TO CZYŃCIE NA MOJĄ PAMIĄTKĘ.

Oto wielka tajemnica wiary.

---

deu graças novamente,
e o deu a seus discípulos,
    dizendo:

TOMAI, TODOS, E BEBEI:
ESTE É O CÁLICE DO MEU
    SANGUE,
O SANGUE DA NOVA E ETERNA
    ALIANÇA,
QUE SERÁ DERRAMADO POR VÓS
    E POR TODOS
PARA REMISSÃO DOS PECADOS.
FAZEI ISTO EM MEMÓRIA DE
    MIM.

Eis o mistério da fé!

---

iniabot niya ang kalis sa kanyang
    mga alagad
at sinabi:

TANGGAPIN NINYONG LAHAT
    ITO AT INUMIN:
ITO ANG KALIS NG AKING DUGO
NG BAGO AT WALANG HANGGANG
    TIPAN,
ANG AKING DUGO NA IBUBUHOS
PARA SA INYO AT PARA SA LAHAT
SA IKAPAGPAPATAWAD NG MGA
    KASALANAN.
GAWIN NINYO ITO SA PAG-ALALA
    SA AKIN.

Ipagbunyi natin ang misteryo ng
    pananampalataya.

Người cầm lấy chén, cũng tạ ơn,
trao cho các môn đệ mà nói:

TẤT CẢ CÁC CON HÃY NHẬN LẤY
    MÀ UỐNG:
VÌ NÀY LÀ CHÉN MÁU THẦY,
MÁU GIAO ƯỚC MỚI VÀ VĨNH
    CỬU,
SẼ ĐỔ RA CHO CÁC CON
VÀ NHIỀU NGƯỜI ĐƯỢC THA TỘI
CÁC CON HÃY LÀM VIỆC NÀY MÀ
    NHỚ ĐẾN THẦY.

Đây là mầu nhiệm đức tin.

We proclaim your Death, O
    Lord,
and profess your Resurrection
until you come again.

When we eat this Bread and
    drink this Cup,
we proclaim your Death, O
    Lord,
until you come again.

Save us, Savior of the world,
for by your Cross and
    Resurrection
you have set us free.

Anunciamos tu muerte,
proclamamos tu resurrección.
¡Ven, Señor Jesús!

Cada vez que comemos de este
    pan
y bebemos de este cáliz,
anunciamos tu muerte, Señor,
    hasta que vuelvas.

Port u cruz y resurrección
nos has salvado, Señor.

Nous proclamons ta mort,
    Seigneur Jésus,
nous célébrons ta résurrection,
nous attendons ta venue dans
    la gloire.

Quand nous mangeons ce pain
et buvons à cette coupe,
nous célébrons le mystère de la
    foi:
Nous rappelons ta mort,
Seigneur ressuscité,
et nous attendons que tu viennes.

Proclamons le mystère de la foi:
Gloire à toi qui étais mort,
gloire à toi qui es vivant,
notre Sauveur et notre Dieu:
Viens, Seigneur Jésus!

Annunziamo la tua morte,
    Signore,
proclamiamo la tua risurrezione,
nell'attesa della tua venuta.

Ogni volta che mangiamo di
    questo pane
e beviamo a questo calice
annunziamo la tua morte, Signore,
nell'attesa della tua venuta.

Tu ci hai redenti con la tua croce
e la tua risurrezione
salvaci, o Salvatore del mondo.

Mortem tuam annuntiámus,
    Dómine,
et tuam resurrectiónem confi-
    témur, donec vénias.

Quotiescúmque manducámus
    panem hunc
et cálicem bíbimus,
mortem tuam annuntiámus,
    Dómine, donec vénias.

Salvátor mundi, salva nos,
qui per crucem et resurrectió-
    nem tuam liberásti nos.

Głosimy śmierć, Twoją, Panie
    Jezu,
wyznajemy Twoje
    zmartwychwstanie
i oczekujemy Twego przyjścia
    w chwale.

Wielka jest tajemnica naszej wiary.
Ile razy ten chleb spożywamy
i pijemy z tego kielicha
głosimy śmierć Twoją, Panie,
oczekując Twego przyjścia w
    chwale.

Uwielbiajmy tajemnicę wiary.
Panie, Ty nas wybawiłeś
przez krzyż i zmartwychwsta-
    nie swoje,
Ty jesteś Zbawicielem świata.

Anunciamos, Senhor, a vossa
    morte
e proclamamos a vossa
    ressurreição.
Vinde, Senhor Jesus!

Todas as vezes que comemos
    deste pão
e bebemos deste cálice,
anunciamos, Senhor, a vossa
    morte,
enquanto esperamos a vossa
    vinda!

Salvador do mundo, salvai-nos,
vós que nos libertastes
pela cruz e ressurreição.

Si Kristo'y namatay!

Si Kristo'y nabuhay!

Si Kristo'y babalik sa wakas ng
    panahon!

Lạy Chúa, chúng con loan
    truyền Chúa chết
và tuyên xưng Chúa sống lại,
    cho tới khi Chúa đến.

Lạy Chúa, mỗi lần ăn bánh và
    uống chén này,
chúng con loan truyền Chúa
    chịu chết, cho tới khi Chúa
    đến.

Lạy Chúa Cứu Thế, Chúa đã
    dùng Thánh giá
và sự phục sinh của Chúa để
    giải thoát chúng con,
xin cứu độ chúng con.

Therefore, as we celebrate
the memorial of his Death and
    Resurrection,
we offer you, Lord,
the Bread of life and the Chalice
    of salvation,
giving thanks that you have held
    us worthy
to be in your presence and
    minister to you.
Humbly we pray
that, partaking of the Body and
    Blood of Christ,
we may be gathered into one by
    the Holy Spirit.

Así, pues, Padre, al celebrar
    ahora el memorial
de la muerte y resurrección de
    tu Hijo,
te ofrecemos el pan de vida y el
    cáliz de salvación,
y te damos gracias porque nos
    haces dignos
de servirte en tu presencia.
Te pedimos humildemente
que el Espíritu Santo congregue
    en la unidad
a cuantos participamos del
    Cuerpo y Sangre de Cristo.

Faisant ici mémoire
de la mort et de la résurrection
    de ton Fils,
nous t'offrons, Seigneur,
le pain de la vie et la coupe du
    salut,
et nous te rendons grâce,
car tu nous as choisis pour servir
    en ta présence.
Humblement, nous te demandons
qu'en ayant part au corps et au
    sang du Christ,
nous soyons rassemblés
par l'Esprit Saint
en un seul corps.

Celebrando il memoriale
della morte e risurrezione del
    tuo Figlio,
ti offriamo, Padre,
il pane della vita e il calice della
    salvezza,
e ti rendiamo grazie
per averci ammessi alla tua
    presenza
a compiere il servizio
    sacerdotale.
Ti preghiamo umilmente:
per la comunione
al corpo e al sangue di Cristo
lo Spirito Santo ci riunisca in un
    solo corpo.

Mémores ígitur mortis et resur-
    rectiónis eius,
tibi, Dómine, panem vitæ
et cálicem salútis offérimus,
grátias agéntes quia nos dignos
    habuísti
astáre coram te et tibi
    ministráre.
Et súpplices deprecámur
ut Córporis et Sánguinis Christi
    partícipes
a Spíritu Sancto congregémur in
    unum.

Wspominając śmierć i zmart-
    wychwstanie Twojego Syna,
ofiarujemy Tobie, Boże, Chleb
    życia i Kielich zbawienia
i dziękujemy, że nas wybrałeś,
abyśmy stali przed Tobą i Tobie
    służyli.
Pokornie błagamy,
aby Duch Święty zjednoczył nas
    wszystkich,
przyjmujących Ciało i Krew
    Chrystusa.
Pamiętaj, Boże, o Twoim
    Kościele na całej ziemi.

Celebrando, pois, a memória
da morte e ressurreição do vosso
    Filho,
nós vos oferecemos, ó Pai,
o pão da vida e o cálice da
    salvação;
e vos agradecemos porque nos
    tornastes dignos
de estar aqui na vossa presença e
    vos servir.
E nós vos suplicamos
que, participando do Corpo e
    Sangue de Cristo,
sejamos reunidos pelo Espírito
    Santo num só corpo.

Ama,
ginagawa namin ngayon ang
    pag-alala
sa pagkamatay at muling pagka-
    buhay ng iyong Anak
kaya't iniaalay namin sa iyo
ang tinapay na nagbibigay-buhay
at ang kalis na nagkakaloob ng
    kaligtasan.
Kami'y nagpapasalamat
dahil kami'y iyong minarapat
na tumayo sa harap mo
para maglingkod sa iyo.
Isinasamo naming kaming
    magsasalu-salo
sa Katawan at Dugo ni Kristo

Vì vậy, lạy Chúa, khi kính nhớ
    Con Chúa chịu chết và sống
    lại,
chúng con dâng lên Chúa bánh
    trường sinh
và chén cứu độ để tạ ơn Chúa,
vì Chúa đã thương cho chúng
    con
được xứng đáng hầu cận trước
    Tôn Nhan và phụng sự Chúa.
Chúng con tha thiết nài xin
    Chúa
cho chúng con khi thông phần
    Mình và Máu Đức Kitô,
được qui tụ nên một nhờ Chúa
    Thánh Thần.

Remember, Lord, your Church,
spread throughout the world,
and bring her to the fullness of
charity,
together with N. our Pope and
N. our Bishop
and all the clergy.
Remember also our brothers
and sisters
who have fallen asleep in the
hope of the resurrection,
and all who have died in your
mercy:
welcome them into the light of
your face.

Acuérdate, Señor, de tu Iglesia
extendida por toda la tierra;
y con el Papa N., con nuestro
Obispo N.,
y todos los pastores que cuidan
de tu pueblo,
llévala a su perfección por la
caridad.
Acuérdate también de nuestros
hermanos
que se durmieron en la esperanza
de la resurrección,
y de todos los que han muerto
en tu misericordia;
admítelos a contemplar la luz de
tu rostro.

Souviens-toi, Seigneur,
de ton Église répandue à travers
le monde :
Fais-la grandir dans ta charité
avec le Pape N.,
notre évêque N.,
et tous ceux qui ont la charge de
ton peuple.
Souviens-toi aussi de nos frères
qui se sont endormis dans
l'espérance de la résurrection
et de tous les hommes qui ont
quitté cette vie :
reçois-les dans ta lumière,
auprès de toi.
Sur nous tous enfin,

Ricordati, Padre, della tua
Chiesa
diffusa su tutta la terra:
rendila perfetta nell'amore
in unione con il nostro Papa N.,
il nostro Vescovo N.,
e tutto l'ordine sacerdotale.
Ricòrdati dei nostri fratelli,
che si sono addormentati
nella speranza della risurrezione,
e di tutti i defunti che si affidano
alla tua clemenza:
ammettili a godere la luce del
tuo volto.

Recordáre, Dómine, Ecclésiæ
tuæ toto orbe diffúsæ,
ut eam in caritáte perfícias
una cum Papa nostro N. et
Epíscopo nostro N.
et univérso clero.
Meménto étiam fratrum
nostrórum,
qui in spe resurrectiónis
dormiérunt,
omniúmque in tua miseratióne
defunctórum,
et eos in lumen vultus tui
admítte.

Spraw, aby lud Twój wzrastał w
miłości
razem z naszym Papieżem N.,
naszym Biskupem N., oraz
całym duchowieństwem.
Pamiętaj także o naszych
zmarłych braciach i siostrach,
którzy zasnęli z nadzieją
zmartwychwstania,
i o wszystkich, którzy w Twojej
łasce odeszli z tego świata.
Dopuść ich do oglądania Twojej
światłości.
Prosimy Cię, zmiłuj się nad
nami wszystkimi

Lembrai-vos, ó Pai, da vossa Igreja
que se faz presente pelo mundo
inteiro:
que ela cresça na caridade,
com o papa N., com o nosso
bispo N.
e todos os ministros do vosso
povo.
Lembrai-vos também dos (out-
ros) nossos irmãos e irmãs
que morreram na esperança da
ressurreição
e de todos os que partiram desta
vida:
acolhei-os junto a vós na luz da
vossa face.

ay mabuklod sa pagkakaisa
sa pamamagitan ng Espiritu
Santo.
Ama,
lingapin mo ang iyong Simbahang
laganap sa buong daigdig.
Puspusin mo kami sa pag-ibig
kaisa ni N., na aming Papa, at ni
N., na aming Obispo,
at ni, na kanyang Katulong na
Obispo
at ng tanang kaparian.
Alalahanin mo rin ang mga
kapatid naming nahimlay
nang may pag-asang sila'y muling
mabubuhay

Lạy Chúa, xin nhớ đến Hội
Thánh Chúa lan rộng khắp
hoàn cầu,
để kiện toàn Hội Thánh trong
đức mến, cùng với Đức Giáo
Hoàng T . . .,
Đức Giám Mục T . . . chúng
con (và toàn thể hàng giáo sĩ.)
Xin Chúa cũng nhớ đến anh chị
em chúng con
đang an nghỉ trong niềm hy
vọng sống lại,
và mọi người, đặc biệt các bậc tổ
tiên, ông bà, cha mẹ
và thân bằng quyến thuộc chúng
con,

Have mercy on us all, we pray,
that with the Blessed Virgin
    Mary, Mother of God,
with the blessed Apostles,
and with all the Saints who have
    pleased you throughout the
    ages,
we may merit to be coheirs to
    eternal life,
and may praise and glorify you
through your Son, Jesus Christ.

Ten misericordia de todos
    nosotros,
y así, con María,
la Virgen Madre de Dios,
los apóstoles
y cuantos vivieron en tu amistad
a través de los tiempos,
merezcamos, por tu Hijo
    Jesucristo,
compartir la vida eterna
y cantar tus alabanzas.

nous implorons ta bonté :
Permets qu'avec la Vierge Marie,
la bienheureuse Mère de Dieu,
avec les Apôtres et les saints de
    tous les temps
qui ont vécu dans ton amitié,
nous ayons part à la vie éternelle,
et que nous chantions ta louange,
par Jésus Christ, ton Fils
    bien-aimé.

Di noi tutti abbi misericordia:
donaci di aver parte alla vita
    eterna,
insieme con la beata Maria,
Vergine e Madre di Dio,
con gli apostoli e tutti i santi,
che in ogni tempo ti furono
    graditi:
e in Gesù Cristo tuo Figlio
canteremo la tua gloria.

Omnium nostrum, quǽsumus,
    miserére,
ut cum beáta Dei Genetríce
    Vírgine María,
beátis Apóstolis et ómnibus
    Sanctis,
qui tibi a sǽculo placuérunt,
ætérnæ vitæ mereámur esse
    consórtes,
et te laudémus et glorificémus
per Fílium tuum Iesum
    Christum.

i daj nam udział w życiu
    wiecznym
z Najświętszą Bogurodzicą
    Dziewicą Maryją,
ze świętymi Apostołami, (ze
    świętym N.)
i wszystkimi Świętymi,
którzy w ciągu wieków podobali
    się Tobie,
abyśmy z nimi wychwalali Cie-
    bie, przez Syna Twojego Je-
    zusa Chrystusa.

Enfim, nós vos pedimos,
tende piedade de todos nós
e dai-nos participar da vida
    eterna,
com a Virgem Maria, Mãe de
    Deus,
com os santos Apóstolos
e todos os que neste mundo vos
    serviram,
a fim de vos louvarmos e
    glorificarmos
por Jesus Cristo, vosso Filho.

gayun din ang lahat ng mga
    pumanaw.
Kaawaan mo sila at patuluyin sa
    iyong kaliwanagan.
Kaawaan mo at pagindapatin
    kaming lahat
na makasalo sa iyong buhay na
    walang wakas.
Kaisa ng Mahal na Birheng
    Maria na Ina ng Diyos
kaisa ng mga apostol at ng lahat
    ng mga banal
na namuhay dito sa daigdig
    nang kalugud-lugod sa iyo,
maipagdiwang nawa namin ang
    pagpupuri sa ikararangal mo
sa pamamagitan ng iyong Anak
na aming Panginoong Hesukristo.

đã ly trần trong tình thương của
    Chúa.
Xin cho hết thảy được vào hưởng
    ánh sáng tôn nhan Chúa.
Chúng con nài xin Chúa thương
    xót tất cả chúng con,
cho chúng con được đồng
    hưởng sự sống đời đời,
cùng với Đức Trinh Nữ Maria,
    Mẹ Thiên Chúa,
các Thánh Tông đồ và toàn thể
    các Thánh
đã sống đẹp lòng Chúa qua mọi
    thời đại,
và cùng với các ngài, chúng con
    được ca ngợi và tôn vinh Chúa.
Nhờ Đức Giêsu Kitô, Con Chúa.

Through him, and with him, and in him,
O God, almighty Father,
in the unity of the Holy Spirit,
all glory and honor is yours,
for ever and ever.

Amen.

Continued, p. 74

Por Cristo,
con él y en él,
a ti,
Dios Padre omnipotente,
en la unidad del Espíritu Santo,
todo honor y toda gloria
por los siglos de los siglos.

Amén.

Continuado, p. 74

Par lui, avec lui et en lui,
à toi, Dieu le Père tout-puissant,
dans l'unité du Saint-Esprit,
tout honneur et toute gloire,
pour les siècles des siècles.

Amen.

Suite, p. 74

Per Cristo, con Cristo e in Cristo,
a te, Dio Padre onnipotente
nell'unità dello Spirito Santo
ogni onore e gloria
per tutti i secoli dei secoli.

Amen.

Continua, p. 74

Per ipsum, et cum ipso, et in ipso,
est tibi Deo Patri omnipoténti,
in unitáte Spíritus Sancti,
omnis honor et glória
per ómnia sǽcula sæculórum.

Amen.

Permansit, p. 74

Przez Chrystusa, z Chrystusem i w Chrystusie,
Tobie, Boże, Ojcze wszechmogący,
w jedności Ducha Świętego,
wszelka cześć i chwała,
przez wszystkie wieki wieków.

Amen.

Ciąg dalszy, s. 74

Por Cristo, com Cristo, em Cristo,
a vós, Deus Pai todo-poderoso,
na unidade do Espírito Santo,
toda a honra e toda a glória,
agora e para sempre.

Amém.

Continuado, pg. 74

Sa pamamagitan ni Kristo,
kasama niya, at sa kanya
ang lahat ng parangal at papuri
ay sa iyo,
Diyos Amang makapangyarihan,
kasama ng Espiritu Santo
magpasawalang hanggan.

Amen.

Patuloy, p. 74

Chính nhờ Người, với Người và trong Người
mà mọi danh dự và vinh quang
đều quy về Chúa là Cha toàn năng,
trong sự hợp nhất của Chúa Thánh Thần đến muôn đời.

Amen.

Xin xem tiếp trang, 74

EUCHARISTIC PRAYER III

Holy, Holy, Holy Lord God of
hosts.
Heaven and earth are full of
your glory.
Hosanna in the highest.
Blessed is he who comes in the
name of the Lord.
Hosanna in the highest.

You are indeed Holy, O Lord,
and all you have created
rightly gives you praise,

PLEGARIA EUCARÍSTICA III

Santo, Santo, Santo es el Señor,
Dios del universo.
Llenos están el cielo y la tierra
de tu gloria.
Hosanna en el cielo.
Bendito el que viene en
nombre del Señor.
Hosanna en el cielo.

Santo eres en verdad, Padre,
y con razón te alaban todas tus
criaturas,

PRIÈRE EUCHARISTIQUE III

Saint! Saint! Saint, le Seigneur,
Dieu de l'univers!
Le ciel et la terre sont remplis
de ta gloire.
Hosanna au plus haut des cieux.
Béni soit celui qui vient au
nom du Seigneur.
Hosanna au plus haut des cieux.

Tu es vraiment saint, Dieu de
l'univers,
et toute la création proclame ta
louange,

PREGHIERA EUCARISTICA III

Santo, Santo, Santo il Signore
Dio dell'universo.
I cieli e la terra sono pieni della
tua gloria.
Osanna nell'alto dei cieli.
Benedetto colui che viene nel
nome del Signore.
Osanna nell'alto dei cieli.

Padre veramente santo,
a te la lode da ogni creatura.
Per mezzo di Gesù Cristo,
tuo Figlio e nostro Signore,

PREX EUCHARISTICA III

Sanctus, Sanctus, Sanctus
Dóminus Deus Sábaoth.
Pleni sunt cæli et terra glória
tua.
Hosánna in excélsis.
Benedíctus qui venit in nómine
Dómini.
Hosánna in excélsis.

Vere Sanctus es, Dómine,
et mérito te laudat omnis a te
cóndita creatúra,
quia per Fílium tuum,

MODLITWA EUCHARYSTYCZNA III

Święty, Święty, Święty, Pan, Bóg
Zastępów.
Pełne są niebiosa i ziemia
chwały Twojej.
Hosanna na wysokości.
Błogosławiony, który idzie w
imię Pańskie.
Hosanna na wysokości.

Zaprawdę, święty jesteś, Boże,
i słusznie Cię sławi wszelkie
stworzenie,

ORAÇÃO EUCARÍSTICA III

Santo, Santo, Santo,
Senhor, Deus do universo!
O céu e a terra proclamam a
vossa glória.
Hosana nas alturas!
Bendito o que vem em nome
do Senhor!
Hosana nas alturas!

Na verdade, vós sois santo, ó
Deus do universo,
e tudo o que criastes proclama o
vosso louvor,

PANALANGIN NG PAGPUPURI AT PAGPAPASALAMAT III

Santo, Santo, Santo Pangi-
noong Diyos ng mga hukbo!
Napupuno ang langit at lupa
ng kadakilaan mo!
Osana sa kaitaasan!
Pinagpala ang naparirito sa
ngalan ng Panginoon!
Osana sa kaitaasan!

Ama naming banal,
dapat kang purihin ng tanang
kinapal
sapagka't sa pamamagitan ng
iyong Anak

KINH NGUYỆN THÁNH THỂ III

Thánh, Thánh, Thánh,
Chúa là Thiên Chúa các Đạo
binh.
Trời đất đầy vinh quang Chúa.
Hoan hô Chúa trên các tầng trời.
Chúc tụng Đấng ngự đến nhân
danh Chúa.
Hoan hô Chúa trên các tầng trời.

Lạy Chúa, Chúa thật là Đấng
Thánh,
và muôn vật Chúa đã tạo thành
đều phải ca ngợi Chúa,

for through your Son our Lord Jesus Christ,
by the power and working of the Holy Spirit,
you give life to all things and make them holy,
and you never cease to gather a people to yourself,
so that from the rising of the sun to its setting
a pure sacrifice may be offered to your name.

Therefore, O Lord, we humbly implore you:

ya que por Jesucristo, tu Hijo, Señor nuestro,
con la fuerza del Espíritu Santo,
das vida y santificas todo,
y congregas a tu pueblo sin cesar,
para que ofrezca en tu honor un sacrificio sin mancha
desde donde sale el sol hasta el ocaso.

Por eso, Padre, te suplicamos que santifiques

car c'est toi qui donnes la vie,
c'est toi qui sanctifies toutes choses,
par ton Fils, Jésus Christ, notre Seigneur,
avec la puissance de l'Esprit Saint;
et tu ne cesses de rassembler ton peuple,
afin qu'il te présente partout dans le monde une offrande pure.

C'est pourquoi nous te supplions de consacrer toi-même

nella potenza dello Spirito Santo
fai vivere e santifichi l'universo,
e continui a radunare intorno a te un popolo,
che da un confine all'altro della terra
offra al tuo nome il sacrificio perfetto.

Ora ti preghiamo umilmente:
manda il tuo Spirito

Dóminum nostrum Iesum Christum,
Spíritus Sancti operánte virtúte,
vivíficas et sanctíficas univérsa,
et pópulum tibi congregáre non désinis,
ut a solis ortu usque ad occásum
oblátio munda offerátur nómini tuo.

Súpplices ergo te, Dómine, deprecámur,

bo przez Jezusa Chrystusa, Twojego Syna, naszego Pana,
mocą Ducha Świętego ożywiasz i uświęcasz wszystko
oraz nieustannie gromadzisz lud swój,
aby na całej ziemi składał Tobie ofiarę czystą.

Pokornie błagamy Cię Boże,
uświęć mocą Twojego Ducha te dary,
które przynieśliśmy Tobie,

porque, por Jesus Cristo, vosso Filho e Senhor nosso,
e pela força do Espírito Santo,
dais vida e santidade a todas as coisas
e não cessais de reunir o vosso povo,
para que vos ofereça em toda parte,
do nascer ao pôr-do-sol,
um sacrifício perfeito.

Por isso, nós vos suplicamos:

na aming Panginoong Hesukristo at sa kapangyarihan ng Banal na Espiritu
ang lahat ay binibigyan mo ng buhay at kabanalan.
Walang sawa mong tinitipon ang iyong sambayanan
upang mula sa pagsikat hanggang sa paglubog ng araw
maihandog ang malinis na alay para sambahin ang iyong ngalan.

Ama,
isinasamo naming pakabanalin mo
sa kapangyarihan ng Banal na Espiritu

vì nhờ Đức Giêsu Kitô, Con Chúa, Chúa chúng con,
do quyền năng tác động của Chúa Thánh Thần,
Chúa ban sự sống và thánh hoá mọi loài,
và không ngừng quy tụ một dân riêng,
để từ đông sang tây họ dâng lên Chúa một hiến lễ tinh tuyền.

Vì vậy, lạy Chúa, chúng con tha thiết nài xin Chúa,
nhờ cũng một Chúa Thánh Thần,

by the same Spirit graciously
make holy
these gifts we have brought to
you for consecration,
that they may become the Body
and ✠ Blood
of your Son our Lord Jesus Christ,
at whose command we celebrate
these mysteries.

For on the night he was betrayed
he himself took bread,
and, giving you thanks, he said
the blessing,
broke the bread and gave it to
his disciples, saying:

por el mismo Espíritu estos
dones que hemos separado
para ti,
de manera que sean Cuerpo y ✠
Sangre de Jesucristo,
Hijo tuyo y Señor nuestro,
que nos mandó celebrar estos
misterios.

Porque él mismo, la noche en
que iba a ser entregado,
tomó pan, y dando gracias te
bendijo,
lo partió y lo dio a sus discípu-
los, diciendo:

les offrandes que nous appor-
tons :
Sanctifie-les par ton Esprit
pour qu'elles deviennent
le corps ✠ et le sang de ton Fils,
Jésus Christ, notre Seigneur,
qui nous a dit
de célébrer ce mystère.

La nuit même où il fut livré,
il prit le pain,
en te rendant grâce il le bénit,
il le rompit
et le donna à ses disciples, en
disant :

a santificare i doni che ti
offriamo,
perché diventino il corpo e ✠ il
sangue
di Gesù Cristo, tuo Figlio e
nostro Signore,
che ci ha comandato
di celebrare questi misteri.

Nella notte in cui fu tradito,
egli prese il pane,
ti rese grazie con la preghiera di
benedizione,
lo spezzo, lo diede ai suoi
discepoli, e disse:

ut hæc múnera, quæ tibi
sacránda detúlimus,
eódem Spíritu sanctificáre
dignéris,
ut Corpus et ✠ Sanguis fiant
Fílii tui Dómini nostri Iesu
Christi,
cuius mandáto hæc mystéria
celebrámus.

Ipse enim in qua nocte
tradebátur
accépit panem
et tibi grátias agens benedíxit,
fregit, dedítque discípulis suis,
dicens:

aby się stały Ciałem ✠ i Krwią
Twojego Syna, naszego Pana,
Jezusa Chrystusa,
który nam nakazał spełniać to
misterium.

On bowiem tej nocy, której był
wydany,
wziął chleb i dzięki Tobie
składając, błogosławił,
łamał i rozdawał swoim uc-
zniom, mówiąc:

santificai pelo Espírito Santo
as oferendas que vos apresenta-
mos para serem consagradas,
a fim de que se tomem o Corpo
e ✠ o Sangue de Jesus Cristo,
vosso Filho e Senhor nosso,
que nos mandou celebrar este
mistério.

Na noite em que ia ser entregue,
ele tomou o pão,
deu graças,
e o partiu
e deu a seus discípulos, dizendo:

ang mga kaloob na ito
na aming inilalaan sa iyo.
Ito nawa ay maging Katawan at
Dugo ✠
ng iyong Anak at aming Pangi-
noong Hesukristo
na nag-utos ipagdiwang ang
misteryong ito.

Noong gabing ipagkanulo siya,
hinawakan niya ang tinapay,
pinasalamatan ka niya,
pinaghati-hati niya iyon,
iniabot sa kanyang mga alagad
at sinabi:

đoái thương thánh hoá của lễ
chúng con dâng tiến Chúa
đây
để trở nên Mình và ✠ Máu Đức
Giêsu Kitô,
Con Chúa, Chúa chúng con,
thừa lệnh Người chúng con cử
hành mầu nhiệm này.

Trong đêm bị trao nộp,
chính Người cầm lấy bánh,
tạ ơn Chúa, dâng lời chúc tụng,
bẻ ra và trao cho các môn đệ mà
nói:

TAKE THIS, ALL OF YOU, AND
EAT OF IT,
FOR THIS IS MY BODY,
WHICH WILL BE GIVEN UP FOR
YOU.

In a similar way, when supper
was ended,
he took the chalice,
and, giving you thanks, he said
the blessing,
and gave the chalice to his
disciples, saying:
TAKE THIS, ALL OF YOU, AND
DRINK FROM IT,

TOMAD Y COMED TODOS DE ÉL,
PORQUE ESTO ES MI CUERPO,
QUE SERÁ ENTREGADO POR
VOSOTROS.

Del mismo modo, acabada la
cena, tomó el cáliz,
dando gracias te bendijo,
y lo pasó a sus discípulos,
diciendo:
TOMAD Y BEBED TODOS DE ÉL,
PORQUE ÉSTE ES EL CÁLIZ DE MI
SANGRE,
SANGRE DE LA ALIANZA NUEVA
Y ETERNA,

PRENEZ, ET MANGEZ-EN TOUS :
CECI EST MON CORPS
LIVRÉ POUR VOUS.

De même, à la fin du repas,
il prit la coupe,
en te rendant grâce il la bénit,
et la donna à ses disciples, en
disant :
PRENEZ, ET BUVEZ-EN TOUS,
CAR CECI EST LA COUPE DE MON
SANG,
LE SANG DE L'ALLIANCE
NOUVELLE ET ÉTERNELLE,

PRENDETE, E MANGIATENE
TUTTI:
QUESTO È IL MIO CORPO
OFFERTO IN SACRIFICIO PER VOI.

Dopo la cena, allo stesso modo,
prese il calice,
ti rese grazie con la preghiera di
benedizione,
lo diede ai suoi discepoli, e disse:
PRENDETE, E BEVETENE TUTTI:
QUESTO È IL CALICE DEL MIO
SANGUE
PER LA NUOVA ED ETERNA
ALLEANZA,

ACCÍPITE ET MANDUCÁTE EX
HOC OMNES:
HOC EST ENIM CORPUS MEUM,
QUOD PRO VOBIS TRADÉTUR.

Símili modo, postquam cenátum
est,
accípiens cálicem,
et tibi grátias agens benedíxit,
dedítque discípulis suis, dicens:
ACCÍPITE ET BÍBITE EX EO
OMNES:
HIC EST ENIM calix Sánguinis
MEI
NOVI ET ÆTÉRNI TESTAMÉNTI,

BIERZCIE I JEDZCIE Z TEGO
WSZYSCY:
TO JEST BOWIEM CIAŁO MOJE,
KTÓRE ZA WAS BĘDZIE
WYDANE.

Podobnie po wieczerzy
wziął kielich
i dzięki Tobie składając,
błogosławił
i podał swoim uczniom,
mówiąc:
BIERZCIE I PIJCIE Z NIEGO
WSZYSCY:
TO JEST BOWIEM KIELICH KRWI
MOJEJ

TOMAI, TODOS, E COMEI:
ISTO É O MEU CORPO,
QUE SERÁ ENTREGUE POR VÓS.

Do mesmo modo,
ao fim da ceia,
ele tomou o cálice em suas
mãos,
deu graças novamente,
e o deu a seus discípulos,
dizendo:
TOMAI, TODOS, E BEBEI:
ESTE É O CÁLICE DO MEU
SANGUE,

TANGGAPIN NINYONG LAHAT
ITO AT KANIN:
ITO ANG AKING KATAWAN
NA IHAHANDOG PARA SA INYO.

Gayun din naman, noong mata-
pos ang hapunan,
hinawakan niya ang kalis,
muli ka niyang pinasalamatan,
iniabot niya ang kalis sa kanyang
mga alagad
at sinabi:
TANGGAPIN NINYONG LAHAT
ITO AT INUMIN:
ITO ANG KALIS NG AKING DUGO

TẤT CẢ CÁC CON HÃY NHẬN LẤY
MÀ ĂN:
VÌ NÀY LÀ MÌNH thầy
SẼ BỊ NỘP VÌ CÁC CON.

Cùng một thể thức ấy, sau bữa
ăn tối,
Người cầm lấy chén,
tạ ơn Chúa, dâng lời chúc tụng,
và trao cho các môn đệ mà nói:
TẤT CẢ CÁC CON HÃY NHẬN LẤY
MÀ UỐNG:
VÌ NÀY LÀ CHÉN MÁU thầy,
MÁU giao ước mới và vĩnh
cửu,

FOR THIS IS THE CHALICE OF MY
BLOOD,
THE BLOOD OF THE NEW AND
ETERNAL COVENANT,
WHICH WILL BE POURED OUT
FOR YOU AND FOR MANY
FOR THE FORGIVENESS OF SINS.
DO THIS IN MEMORY OF ME.

The mystery of faith.

**We proclaim your Death, O
Lord,
and profess your Resurrection
until you come again.**

QUE SERÁ DERRAMADA POR
VOSOTROS
Y POR TODOS LOS HOMBRES
PARA EL PERDÓN DE LOS
PECADOS.
HACED ESTO EN
CONMEMORACIÓN MÍA.

Éste es el Sacramento de nuestra
fe.
**Anunciamos tu muerte,
proclamamos tu resurrección.
¡Ven, Señor Jesús!**

QUI SERA VERSÉ
POUR VOUS ET POUR LA
MULTITUDE
EN RÉMISSION DES PÉCHÉS.
VOUS FEREZ CELA,
EN MÉMOIRE DE MOI.

Il est grand, le mystère de la foi:
**Nous proclamons ta mort,
Seigneur Jésus,
nous célébrons ta résurrection,
nous attendons ta venue dans
la gloire.**

VERSATO PER VOI E PER TUTTI
IN REMISSIONE DEI PECCATI.
FATE QUESTO IN MEMORIA DI
ME.

Mistero della fede.

**Annunziamo la tua morte,
Signore,
proclamiamo la tua
risurrezione,
nell'attesa della tua venuta.**

QUI PRO VOBIS ET PRO MULTIS
EFFUNDÉTUR
IN REMISSIÓNEM PECCATÓRUM.
HOC FÁCITE IN MEAM
COMMEMORATIÓNEM.

Mystérium fídei.

**Mortem tuam annuntiámus,
Dómine,
et tuam resurrectiónem confi-
témur, donec vénias.**

NOWEGO I WIECZNEGO
PRZYMIERZA,
KTÓRA ZA WAS I ZA WIELU
BĘDZIE WYLANA
NA ODPUSZCZENIE GRZECHÓW.
TO CZYŃCIE NA MOJĄ PAMIĄTKĘ.

Oto wielka tajemnica wiary.
**Głosimy śmierć, Twoją, Panie
Jezu,
wyznajemy Twoje
zmartwychwstanie
i oczekujemy Twego przyjścia
w chwale.**

O SANGUE DA NOVA E ETERNA
ALIANÇA,
QUE SERÁ DERRAMADO POR VÓS
E POR TODOS
PARA REMISSÃO DOS PECADOS.
FAZEI ISTO EM MEMÓRIA DE
MIM.

Eis o mistério da fé!
**Anunciamos, Senhor, a vossa
morte
e proclamamos a vossa
ressurreição.
Vinde, Senhor Jesus!**

NG BAGO AT WALANG HANG-
GANG TIPAN,
ANG AKING DUGO NA IBUBUHOS
PARA SA INYO AT PARA SA LAHAT
SA IKAPAGPAPATAWAD NG MGA
KASALANAN.
GAWIN NINYO ITO SA PAG-
ALALA SA AKIN.

Ipagbunyi natin ang misteryo ng
pananampalataya.

Si Kristo'y namatay!

SẼ ĐỔ RA CHO CÁC CON
VÀ NHIỀU NGƯỜI ĐƯỢC THA TỘI
CÁC CON HÃY LÀM VIỆC NÀY MÀ
NHỚ ĐẾN THẦY.

Đây là mầu nhiệm đức tin.

**Lạy Chúa, chúng con loan
truyền Chúa chết
và tuyên xưng Chúa sống lại,
cho tới khi Chúa đến.**

When we eat this Bread and drink this Cup,
we proclaim your Death, O Lord,
until you come again.

Save us, Savior of the world,
for by your Cross and Resurrection
you have set us free.

Therefore, O Lord, as we celebrate the memorial
of the saving Passion of your Son,

Cada vez que comemos de este pan
y bebemos de este cáliz,
anunciamos tu muerte, Señor,
hasta que vuelvas.

Port u cruz y resurrección
nos has salvado, Señor.

Así, pues, Padre, al celebrar ahora el memorial
de la pasión salvadora de tu Hijo,

Quand nous mangeons ce pain et buvons à cette coupe,
nous célébrons le mystère de la foi:
Nous rappelons ta mort,
Seigneur ressuscité,
et nous attendons que tu viennes.

Proclamons le mystère de la foi:
Gloire à toi qui étais mort,
gloire à toi qui es vivant,
notre Sauveur et notre Dieu:
Viens, Seigneur Jésus.

En faisant mémoire de ton Fils,
de sa passion qui nous sauve,

Ogni volta che mangiamo di questo pane
e beviamo a questo calice
annunziamo la tua morte, Signore,
nell'attesa della tua venuta.

Tu ci hai redenti con la tua croce
e la tua risurrezione
salvaci, o Salvatore del mondo.

Celebrando il memoriale del tuo Figlio,
morto per la nostra salvezza,

Quotiescúmque manducámus panem hunc
et cálicem bíbimus,
mortem tuam annuntiámus, Dómine, donec vénias.

Salvátor mundi, salva nos,
qui per crucem et resurrectiónem tuam liberásti nos.

Mémores ígitur, Dómine,
eiúsdem Fílii tui salutíferæ passiónis

Wielka jest tajemnica naszej wiary.
Ile razy ten chleb spożywamy
i pijemy z tego kielicha
głosimy śmierć Twoją, Panie,
oczekując Twego przyjścia w chwale.

Uwielbiajmy tajemnicę wiary.
Panie, Ty nas wybawiłeś
przez krzyż i zmartwychwstanie swoje,
Ty jesteś Zbawicielem świata.

Wspominając, Boże,
zbawczą Mękę Twojego Syna,

Todas as vezes que comemos deste pão
e bebemos deste cálice,
anunciamos, Senhor, a vossa morte,
enquanto esperamos a vossa vinda!

Salvador do mundo, salvai-nos,
vós que nos libertastes
pela cruz e ressurreição.

Celebrando agora, ó Pai, a memória do vosso Filho,
da sua paixão que nos salva,
da sua gloriosa ressurreição
e da sua ascensão ao céu,

Si Kristo'y nabuhay!
Si Kristo'y babalik sa wakas ng panahon!

Ama,
ginugunita namin
ang pagkamatay ng iyong Anak
na sa ami'y nagligtas,
gayun din ang kanyang muling pagkabuhay

Lạy Chúa, mỗi lần ăn bánh và uống chén này,
chúng con loan truyền Chúa chịu chết, cho tới khi Chúa đến.

Lạy Chúa Cứu Thế, Chúa đã dùng Thánh giá
và sự phục sinh của Chúa để giải thoát chúng con,
xin cứu độ chúng con.

Vì vậy, lạy Chúa,
khi kính nhớ cuộc khổ hình sinh ơn cứu độ,
sự sống lại và lên trời vinh hiển của Con Chúa,

his wondrous Resurrection
and Ascension into heaven,
and as we look forward to his
second coming,
we offer you in thanksgiving
this holy and living sacrifice.
Look, we pray, upon the oblation
of your Church
and, recognizing the sacrificial
Victim by whose death
you willed to reconcile us to
yourself,
grant that we, who are nourished
by the Body and Blood of your
Son
and filled with his Holy Spirit,

de su admirable resurrección y
ascensión al cielo,
mientras esperamos su venida
gloriosa,
te ofrecemos, en esta acción de
gracias, el sacrificio vivo y
santo.
Dirige tu mirada sobre la
ofrenda de tu Iglesia,
y reconoce en ella la Víctima por
cuya inmolación
quisiste devolvernos tu amistad,
para que, fortalecidos
con el Cuerpo y la Sangre de tu
Hijo
y llenos de su Espíritu Santo,

de sa glorieuse résurrection
et de son ascension dans le ciel,
alors que nous attendons son
dernier avènement,
nous présentons cette offrande
vivante et sainte
pour te rendre grâce.
Regarde, Seigneur, le sacrifice de
ton Église,
et daigne y reconnaître celui de
ton Fils
qui nous a rétablis dans ton
Alliance;
quand nous serons nourris de
son corps et de son sang
et remplis de l'Esprit Saint,

gloriosamente risorto e asceso
al cielo,
nell'attesa della sua venuta
ti offriamo, Padre, in rendi-
mento di grazie
questo sacrificio vivo e santo.
Guarda con amore
e riconosci nell'offerta della tua
Chiesa,
la vittima immolata per la nostra
redenzione;
e a noi, che ci nutriamo del
corpo e sangue del tuo Figlio,
dona la pienezza dello Spirito
Santo

necnon mirábilis resurrectiónis
et ascensiónis in cælum,
sed et præstolántes álterum eius
advéntum,
offérimus tibi, grátias referéntes,
hoc sacrifícium vivum et
sanctum.
Réspice, quæsumus, in oblatió-
nem Ecclésiæ tuæ
et, agnóscens Hóstiam,
cuius voluísti immolatióne
placári,
concéde, ut qui Córpore et Sán-
guine Fílii tui refícimur,
Spíritu eius Sancto repléti,

jak również cudowne Jego
Zmartwychwstanie i
Wniebowstąpienie,
oraz czekając na powtórne Jego
przyjście,
składamy Ci wśród
dziękczynnych modłów
tę żywą i świętą Ofiarę.
Wejrzyj, prosimy, na dar
Twojego Kościoła
i przyjmij Ofiarę, przez którą nas
pojednałeś ze sobą.
Spraw, abyśmy posileni Ciałem i
Krwią Twojego Syna
i napełnieni Duchem Świętym,

e enquanto esperamos a sua
nova vinda,
nós vos oferecemos em ação de
graças
este sacrifício de vida e
santidade.
Olhai com bondade a oferenda
da vossa Igreja,
reconhecei o sacrifício
que nos reconcilia convosco
e concedei que, alimentando-nos
com o Corpo e o Sangue do
vosso Filho,
sejamos repletos do Espírito
Santo

at pag-akyat sa kalangitan
samantalang ang kanyang pag-
babalik ay pinananabikan,
kaya bilang pasasalamat ngayo'y
aming iniaalay sa iyo
ang buhay at banal na paghaha-
ing ito.
Tunghayan mo ang handog na ito
ng iyong Simbahan.
Masdan mo ang iyong Anak
na nag-alay ng kanyang buhay
upang kami ay ipakipagkasundo
sa iyo.
Loobin mong kaming
magsasalu-salo
sa kanyang Katawan at Dugo
ay mapuspos ng Espiritu Santo

đồng thời mong đợi Người lại
đến,
chúng con dâng lên Chúa hy lễ
hằng sống và thánh thiện này
để tạ ơn Chúa.
Chúng con nài xin Chúa đoái
nhìn hiến lễ Hội Thánh dâng
lên Chúa,
và khi Chúa nhận đây chính là
Của Lễ
mà Chúa muốn hiến tế để nguôi
lòng Chúa,
xin cho chúng con được bổ
dưỡng bởi Mình và Máu Con
Chúa,
và được tràn đầy Thánh Thần
của Người,

may become one body, one spirit
in Christ.
May he make of us
an eternal offering to you,
so that we may obtain an inheri-
tance with your elect,
especially with the most Blessed
Virgin Mary, Mother of God,
with your blessed Apostles and
glorious Martyrs
(with Saint N.: the Saint of the
day or Patron Saint)
and with all the Saints,
on whose constant intercession
in your presence
we rely for unfailing help.

formemos en Cristo un solo
cuerpo
y un solo espíritu.
Que él nos transforme en
ofrenda permanente,
para que gocemos de tu heredad
junto con tus elegidos: con María,
la Virgen Madre de Dios,
los apóstoles y los mártires, (san
N. —santo del día o patrono)
y todos los santos, por cuya
intercesión
confiamos obtener siempre tu
ayuda.
Te pedimos, Padre,

accorde-nous d'être un seul
corps et un seul esprit
dans le Christ.
Que l'Esprit Saint fasse de nous
une éternelle offrande à ta gloire,
pour que nous obtenions un jour
les biens du monde à venir,
auprès de la Vierge Marie,
la bienheureuse Mère de Dieu,
avec les Apôtres, les martyrs,
(saint N.) et tous les saints,
qui ne cessent d'intercéder pour
nous.
Et maintenant, nous te supplions,
Seigneur :

perché diventiamo, in Cristo,
un solo corpo e un solo spirito.
Egli faccia di noi un sacrificio
perenne a te gradito,
perché possiamo ottenere il
regno promesso
insieme con i tuoi eletti:
con la beata Maria, Vergine e
Madre di Dio,
con i tuoi santi apostoli,
i gloriosi martiri,
(san N.: santo del giorno o
patrono)
e tutti i santi,
nostri intercessori presso di te.

unum corpus et unus spíritus
inveniámur in Christo.
Ipse nos tibi perfíciat munus
ætérnum,
ut cum eléctis tuis hereditátem
cónsequi valeámus,
in primis cum beatíssima
Vírgine, Dei Genetríce,
María,
cum beátis Apóstolis tuis et glo-
riósis Martyribus
(cum Sancto N.: Sancto diei vel
patrono)
et ómnibus Sanctis,
quorum intercessióne

stali się jednym ciałem i jedną
duszą w Chrystusie.
Niech On nas uczyni wiecznym
darem dla Ciebie,
abyśmy otrzymali dziedzictwo z
Twoimi wybranymi,
przede wszystkim z Najświętszą
Dziewicą, Bogurodzicą
Maryją,
ze świętymi Apostołami i
Męczennikami,
(ze świętym N.) i wszystkimi
Świętymi,
którzy nieustannie orędują za
nami u Ciebie.
Prosimy Cię, Boże,

e nos tornemos em Cristo um só
corpo e um só espírito.
Que ele faça de nós uma ofer-
enda perfeita
para alcançarmos a vida eterna
com os vossos santos:
a Virgem Maria, Mãe de Deus,
os vossos Apóstolos e Mártires,
e todos os santos,
que não cessam de interceder
por nós
na vossa presença.
E agora, nós vos suplicamos, ó
Pai,
que este sacrifício da nossa
reconciliação

at maging isang katawan at isang
diwa kay Kristo.
Kami nawa ay gawin niyang handog
na habang panahong nakatalaga
sa iyo.
Tulungan nawa niya kaming
magkamit ng iyong pamana
kaisa ng Ina ng Diyos, ang
Mahal na Birheng Maria,
kaisa ng mga Apostol, mga Martir
(ni N., ang banal na pinararan-
galan o pinipintuho)
at kaisa ng lahat ng mga Banal
na aming inaasahang laging
nakikiusap para sa aming
kapakanan.
Ama,
ang handog na ito

thì trở nên một thân thể và một
tinh thần trong Đức Kitô.
Nguyện xin Chúa Thánh Thần
làm cho chúng con trở nên của
lễ muôn đời dâng tiến Chúa,
để chúng con được thừa hưởng
gia nghiệp
cùng với các người Chúa đã chọn,
nhất là với Đức Trinh Nữ Maria
rất Thánh, Mẹ Thiên Chúa,
các Thánh Tông đồ và các Thánh
Tử đạo hiển vinh,
(cùng với Thánh . . . tên Thánh
kính trong ngày hoặc Thánh
bổn mạng)
và toàn thể các Thánh,
vì chúng con tin tưởng các ngài

May this Sacrifice of our
reconciliation,
we pray, O Lord,
advance the peace and salvation
of all the world.
Be pleased to confirm in faith
and charity
your pilgrim Church on earth,
with your servant N. our Pope
and N. our Bishop,
the Order of Bishops, all the
clergy,
and the entire people you have
gained for your own.
Listen graciously to the prayers
of this family,

que esta Víctima de
reconciliación
traiga la paz y la salvación al
mundo entero.
Confirma en la fe y en la caridad
a tu Iglesia, peregrina en la
tierra:
a tu servidor, el Papa N., a
nuestro Obispo N.,
al orden episcopal, a los
presbíteros y diáconos,
y a todo el pueblo redimido por
ti.
Atiende los deseos y súplicas de
esta familia

Par le sacrifice qui nous réconcilie
avec toi,
étends au monde entier le salut
et la paix.
Affermis la foi et la charité de
ton Église
au long de son chemin sur la
terre :
veille sur ton serviteur le Pape
N. et notre évêque N.,
l'ensemble des évêques, les
prêtres, les diacres,
et tout le peuple des rachetés.
Écoute les prières de ta famille
assemblée devant toi,
et ramène à toi, Père très aimant,

Per questo sacrificio di
riconciliazione
dona, Padre, pace e salvezza al
mondo intero.
Conferma nella fede e
nell'amore
la tua Chiesa pellegrina sulla
terra:
il tuo servo e nostro Papa N.,
il nostro Vescovo N., il collegio
episcopale,
tutto il clero
e il popolo che tu hai redento.
Ascolta la preghiera di questa
famiglia,

perpétuo apud te confídimus
adiuvári.
Hæc Hóstia nostræ reconcili-
atiónis profíciat,
quaésumus, Dómine,
ad totíus mundi pacem atque
salútem.
Ecclésiam tuam, peregrinántem
in terra,
in fide et caritáte firmáre
dignéris
cum fámulo tuo Papa nostro N.
et Epíscopo nostro N.
cum episcopáli órdine et univérso
clero

aby ta Ofiara naszego pojedna-
nia z Tobą
sprowadziła na cały świat pokój i
zbawienie.
Utwierdź w wierze i miłości
Twój Kościół
pielgrzymujący na ziemi;
a więc Twojego sługę, naszego
Papieża N.,
naszego Biskupa N.,
wszystkich biskupów świata,
duchowieństwo
i cały lud odkupiony.
Wysłuchaj łaskawie
modlitwy zgromadzonych
tutaj wiernych,

estenda a paz e a salvação ao
mundo inteiro.
Confirmai na fé e na caridade a
vossa Igreja,
enquanto caminha neste mundo:
o vosso servo o papa N., o nosso
bispo N.,
com os bispos do mundo inteiro,
o clero e todo o povo que
conquistastes.
Atendei às preces da vossa
família,
que está aqui, na vossa presença.
Reuni em vós, Pai de
misericórdia,
todos os vossos filhos e filhas

ng aming pakikipagkasundo sa iyo
ay magbunga nawa ng kapay-
apaan at kaligtasan
para sa buong daigdig.
Patatagin mo sa pananampala-
taya at pag-ibig
ang iyong Simbahang naglalak-
bay sa lupa,
kasama ng iyong lingkod na si
Papa N.,
ng aming Obispo N. (at ng Katu-
long niyang Obispo na si N.)
ng tanang mga Obispo at buong
kaparian
at ng iyong piniling
sambayanan.
Dinggin mo ang mga kahilingan
ng iyong angkan

luôn chuyển cầu cùng Chúa cho
chúng con.
Lạy Chúa, chúng con nguyện
xin Của Lễ hoà giải này
đem lại bình an và ơn cứu độ
cho tất cả thế giới.
Xin thương ban cho Hội Thánh
Chúa trên đường lữ thứ trần
gian
được vững mạnh trong đức tin
và đức mến
cùng với tôi tớ Chúa là Đức
Giáo Hoàng T . . .
và Đức Giám Mục T . . . chúng
con,
cùng toàn thể hàng Giám Mục,
giáo sĩ khắp nơi,

whom you have summoned
before you:
in your compassion, O merciful
Father,
gather to yourself all your
children
scattered throughout the world.
To our departed brothers and
sisters
and to all who were pleasing to
you
at their passing from this life,
give kind admittance to your
kingdom.
There we hope to enjoy for ever
the fullness of your glory

que has congregado en tu
presencia.
Reúne en torno a ti, Padre
misericordioso,
a todos tus hijos dispersos por el
mundo.
A nuestros hermanos difuntos
y a cuantos murieron en tu
amistad recíbelos en tu reino,
donde esperamos gozar todos
juntos
de la plenitud eterna de tu
gloria,
por Cristo, Señor nuestro,
por quien concedes al mundo
todos los bienes.

tous tes enfants dispersés.
Pour nos frères défunts,
pour les hommes qui ont quitté
ce monde
et dont tu connais la droiture,
nous te prions :
Reçois-les dans ton Royaume,
où nous espérons être comblés
de ta gloire,
tous ensemble et pour l'éternité,
par le Christ, notre Seigneur,
par qui tu donnes au monde
toute grâce et tout bien.

che hai convocato alla tua
presenza.
Ricongiungi a te, Padre
misericordioso,
tutti i tuoi figli ovunque dispersi.
† Accogli nel tuo regno i nostri
fratelli defunti
e tutti i giusti che, in pace con te,
hanno lasciato questo mondo;
concedi anche a noi di ritrovarci
insieme
a godere per sempre della tua
gloria,
in Cristo, nostro Signore,
per mezzo del quale tu, o Dio,
doni al mondo ogni bene.

et omni pópulo acquisitiónis
tuæ.
Votis huius famíliæ, quam tibi
astáre voluísti,
adésto propítius.
Omnes fílios tuos ubíque
dispérsos
tibi, clemens Pater, miserátus
coniúnge.
† Fratres nostros defúnctos
et omnes qui, tibi placéntes, ex
hoc sǽculo transiérunt,
in regnum tuum benígnus
admítte,
ubi fore sperámus,

którzy z Twojej łaski stoją przed
Tobą.
W miłosierdziu swoim, o dobry
Ojcze,
zjednocz ze sobą wszystkie
swoje dzieci
rozproszone po całym świecie.
Przyjmij do swojego Królestwa
naszych zmarłych braci i
siostry
oraz wszystkich, którzy w Twojej
łasce odeszli z tego świata.
Ufamy, że razem z nimi
będziemy się tam wiecznie
radować Twoją chwałą,

dispersos pelo mundo inteiro.
Acolhei com bondade no vosso
reino
os nossos irmãos e irmãs que
partiram desta vida
e todos os que morreram na
vossa amizade.
Unidos a eles,
esperamos também nós
saciar-nos eternamente da vossa
glória,
por Cristo, Senhor nosso.
Por ele dais ao mundo todo bem
e toda graça.

na ngayo'y tinipon mo sa iyong
harapan.
Amang maawain,
kupkupin mo at pag-isahin ang
lahat ng iyong mga anak
sa bawa't panig at sulok ng
daigdig.
† Kaawaan mo at patuluyin sa
iyong kaharian
ang mga kapatid naming yumao
at ang lahat ng lumisan na sa
mundong ito
na nagtataglay ng pag-ibig sa iyo.
Kami ay umaasang makararat-
ing sa iyong piling
at samasamang magtatamasa ng
iyong kaningningang walang
maliw

và tất cả dân riêng Chúa.
Xin Chúa thương nhậm lời cầu
của gia đình
mà Chúa đã muốn tụ họp trước
tôn nhan Chúa đây.
Lạy Cha nhân từ, xin thương
đoàn tụ mọi con cái Cha
đang tản mác khắp nơi về với
Cha.
† Xin Cha thương đến anh chị
em chúng con đã ly trần,
và mọi người, đặc biệt các bậc tổ
tiên, ông bà, cha mẹ
và thân bằng quyến thuộc chúng
con,
đã sống đẹp lòng Cha mà nay đã
lìa cõi thế.

through Christ our Lord,
through whom you bestow on
the world all that is good. †

Through him, and with him, and
in him,
O God, almighty Father,
in the unity of the Holy Spirit,
all glory and honor is yours,
for ever and ever.

Amen.

Continued, p. 74

Por Cristo,
con él y en él,
a ti, Dios Padre omnipotente,
en la unidad del Espíritu Santo,
todo honor y toda gloria
por los siglos de los siglos.

Amén.

Continuado, p. 74

Par lui, avec lui et en lui,
à toi, Dieu le Père tout-puissant,
dans l'unité du Saint-Esprit,
tout honneur et toute gloire,
pour les siècles des siècles.

Amen.

Suite, p. 74

Per Cristo, con Cristo e in
Cristo,
a te, Dio Padre onnipotente
nell'unità dello Spirito Santo
ogni onore e gloria
per tutti i secoli dei secoli.

Amen.

Continua, p. 74

ut simul glória tua perénniter
satiémur,
per Christum Dóminum
nostrum,
per quem mundo bona cuncta
largíris. †

Per ipsum, et cum ipso, et in
ipso,
est tibi Deo Patri omnipoténti,
in unitáte Spíritus Sancti,
omnis honor et glória
per ómnia sæcula sæculórum.

Amen.

Permansit, p. 74

przez naszego Pana Jezusa
Chrystusa,
przez którego obdarzasz świat
wszelkimi dobrami.

Przez Chrystusa, z Chrystusem i
w Chrystusie,
Tobie, Boże, Ojcze wszechmogący,
w jedności Ducha Świętego,
wszelka cześć i chwała,
przez wszystkie wieki wieków.

Amen.

Ciąg dalszy, s. 74

Por Cristo, com Cristo, em Cristo,
a vós, Deus Pai todo-poderoso,
na unidade do Espírito Santo,
toda a honra e toda a glória,
agora e para sempre.

Amém.

Continuado, pg. 74

sapagka't aming masisilayan ang
iyong kagandahan
sa pamamagitan ng aming Pan-
ginoong Hesukristo
na siyang pinagdaraanan
ng bawa't kaloob mo sa aming
kabutihan. †

Sa pamamagitan ni Kristo,
kasama niya, at sa kanya
ang lahat ng parangal at papuri
ay sa iyo,
Diyos Amang makapangyarihan,
kasama ng Espiritu Santo mag-
pasawalang hanggan.

Amen.

Patuloy, p. 74

Xin thương nhận hết thảy vào
Nước Cha, nơi chúng con hy
vọng sẽ tới,
để cùng nhau tận hưởng vinh
quang Cha muôn đời, nhờ
Đức Kitô, Chúa chúng con,
nhờ Người, Cha rộng ban mọi
ơn lành cho thế gian.

Chính nhờ Người, với Người và
trong Người
mà mọi danh dự và vinh quang
đều quy về Chúa là Cha toàn
năng,
trong sự hợp nhất của Chúa
Thánh Thần đến muôn đời.

Amen.

Xin xem tiếp trang, 74

EUCHARISTIC PRAYER IV

It is truly right to give you
thanks,
truly just to give you glory,
Father most holy,
for you are the one God living
and true,
existing before all ages and
abiding for all eternity,
dwelling in unapproachable
light;
yet you, who alone are good, the
source of life,
have made all that is,

PLEGARIA EUCARÍSTICA IV

En verdad es justo darte gracias,
y deber nuestro glorificarte,
Padre santo,
porque tú eres el único Dios
vivo y verdadero
que existes desde siempre y vives
para siempre; luz sobre toda
luz.
Porque tú sólo eres bueno y la
fuente de la vida,
hiciste todas las cosas para
colmarlas de tus bendiciones

PRIÈRE EUCHARISTIQUE IV

Vraiment, il est bon de te rendre
grâce,
il est juste et bon de te glorifier,
Père très saint,
car tu es le seul Dieu,
le Dieu vivant et vrai :
tu étais avant tous les siècles,
tu demeures éternellement,
lumière au-delà de toute lumière.
Toi, le Dieu de bonté,
la source de la vie,
tu as fait le monde

PREGHIERA EUCARISTICA IV

E' veramente giusto renderti
grazie,
è bello cantare la tua gloria,
Padre santo, unico Dio vivo e
vero:
prima del tempo e in eterno tu
sei,
nel tuo regno di luce infinita.
Tu solo sei buono e fonte della
vita,
e hai dato origine all'universo,
per effondere il tuo amore su
tutte le creature

PREX EUCHARISTICA IV

Vere dignum est tibi grátias
ágere,
vere iustum est te glorificáre,
Pater sancte,
quia unus es Deus vivus et verus,
qui es ante sǽcula et pérmanes
in ætérnum,
inaccessíbilem lucem inhábitans;
sed et qui unus bonus atque fons
vitæ cuncta fecísti,
ut creatúras tuas benedictióni-
bus adimpléres

MODLITWA EUCHARYSTYCZNA IV

Zaprawdę, godne to jest,
abyśmy Tobie składali
dziękczynienie,
i sprawiedliwe, abyśmy Ciebie
wychwalali,
Ojcze święty,
albowiem Ty jeden jesteś Bo-
giem żywym i prawdziwym,
Ty jesteś przedwieczny i trwasz
na wieki
mieszkając w niedostępnej
światłości.
Tylko Ty, Boże, jesteś dobry

ORAÇÃO EUCARÍSTICA IV

Na verdade, ó Pai, é nosso dever
dar-vos graças,
é nossa salvação dar-vos glória:
só vós sois o Deus vivo e
verdadeiro
que existis antes de todo o
tempo
e permaneceis para sempre,
habitando em luz inacessível.
Mas, porque sois o Deus de bon-
dade e a fonte da vida,
fizestes todas as coisas

PANALANGIN NG PAGPUPURI AT PAGPAPASALAMAT IV

Ama naming banal,
tunay ngang marapat na ikaw ay
aming pasalamatan.
Ikaw lamang ang Diyos na toto-
ong nabubuhay
nang walang pasimula at walang
katapusan.
Ikaw ay nananahan sa liwanag
na di matitigan.
Ikaw ang kaisa-isang mabuti at
bukal ng tanang nabubuhay.
Nilikha mo ang tanang umiiral
upang puspusin ng iyong pagpa-
pala ang iyong mga kinapal

KINH NGUYỆN THÁNH THỂ IV

Lạy Cha chí thánh, tạ ơn Cha
thật là chính đáng,
tôn vinh Cha thật là phải đạo,
vì Cha là Thiên Chúa thật, duy
nhất và hằng sống,
hiện hữu từ trước muôn thuở và
tồn tại đến muôn đời,
ngự trị trong ánh sáng siêu
phàm.
Nhưng Cha cũng là Đấng duy
nhất tốt lành và là nguồn
mạch sự sống,

so that you might fill your crea-
tures with blessings
and bring joy to many of them
by the glory of your light.
And so, in your presence are
countless hosts of Angels,
who serve you day and night
and, gazing upon the glory of
your face,
glorify you without ceasing.
With them we, too, confess your
name in exultation,
giving voice to every creature
under heaven,
as we acclaim:

---

y alegrar su multitud con la
claridad de tu gloria.
Por eso, innumerables ángeles
en tu presencia,
contemplando la gloria de tu
rostro,
te sirven siempre y te glorifican
sin cesar.
Y con ellos también nosotros,
llenos de alegría,
y por nuestra voz las demás
criaturas,
aclamamos tu nombre cantando:

---

pour que toute créature
soit comblée de tes bénédictions,
et que beaucoup se réjouissent
de ta lumière.
Ainsi, les anges innombrables
qui te servent jour et nuit
se tiennent devant toi,
et, contemplant la splendeur de
ta face,
n'interrompent jamais leur
louange.
Unis à leur hymne d'allégresse,
avec la création tout entière qui
t'acclame par nos voix,
Dieu, nous te chantons :

---

e allietarle con gli splendori
della tua luce.
Schiere innumerevoli di angeli
stanno davanti a te per servirti,
contemplano la gloria del tuo
volto,
e giorno e notte cantano la tua
lode.
Insieme con loro anche noi,
fatti voce di ogni creatura,
esultanti cantiamo:

---

multásque lætificáres tui lúminis
claritáte.
Et ídeo coram te innúmeræ as-
tant turbæ angelórum,
qui die ac nocte sérviunt tibi
et, vultus tui glóriam
contemplántes,
te incessánter gloríficant.
Cum quibus et nos et, per nos-
tram vocem,
omnis quæ sub cælo est creatúra
nomen tuum in exsultatióne
confitémur, canéntes:

---

i jako jedyne źródło życia
powołałeś wszystko do
istnienia,
aby napełnić stworzenia dobrami
i wiele z nich uszczęśliwić
jasnością Twojej chwały.
Stoją więc przed Tobą
niezliczone zastępy Aniołów,
którzy służą Tobie dniem i nocą,
a wpatrzeni w chwałę Twojego
oblicza,
nieustannie cześć Tobie oddają.
Łącząc się z nimi,
razem z całym stworzeniem,
które jest pod niebem
i wielbi Cię przez nasze usta,
z radością wysławiamy Twoje
imię, wołając:

---

para cobrir de bênçãos as vossas
criaturas
e a muitos alegrar com a vossa
luz.
Eis, pois, diante de vós todos os
anjos
que vos servem e glorificam sem
cessar,
contemplando a vossa glória.
Com eles, também nós,
e, por nossa voz, tudo o que
criastes,
celebramos o vosso nome,
cantando (dizendo) a uma só
voz:

---

at upang paligayahin ang lahat
sa luningning ng iyong
kaliwanagan.
Kaya't di mabilang ang mga
anghel na nakatayo sa iyong
harapan,
naglilingkod sila sa iyo gabi at araw.
Sa pagtunghay nila sa iyong
kagandahan
sila ay nagpupuri nang masigla
at walang humpay.
Kaisa nila, kaming kumaka-
tawan sa lahat ng iyong
kinapal
dito sa ibabaw ng lupa at sa
silong ng kalangitan
ay nagbubunyi para sambahin
ang iyong ngalan.

đã tác tạo mọi loài để ban cho
chúng đầy tràn ơn phúc,
và cho nhiều thụ tạo vui hưởng
ánh sáng huy hoàng của Cha.
Vì thế, có vô số Thiên thần hầu
cận trước nhan Cha,
ngày đêm phụng sự Cha, chiêm
ngưỡng Thánh nhan Cha
vinh hiển
và không ngớt tôn vinh Cha.
Hiệp cùng các ngài, chúng con
và mọi thụ tạo dưới bầu trời,
nhờ tiếng nói của chúng con,
hân hoan tuyên xưng danh Cha
mà ca hát rằng:

Holy, Holy, Holy Lord God of hosts.
Heaven and earth are full of your glory.
Hosanna in the highest.
Blessed is he who comes in the name of the Lord.
Hosanna in the highest.

We give you praise, Father most holy,
for you are great
and you have fashioned all your works
in wisdom and in love.

Santo, Santo, Santo es el Señor, Dios del universo.
Llenos están el cielo y la tierra de tu gloria.
Hosanna en el cielo.
Bendito el que viene en nombre del Señor.
Hosanna en el cielo.

Te alabamos, Padre santo,
porque eres grande
y porque hiciste todas las cosas
con sabiduría y amor.

Saint! Saint! Saint, le Seigneur, Dieu de l'univers!
Le ciel et la terre sont remplis de ta gloire.
Hosanna au plus haut des cieux.
Béni soit celui qui vient au nom du Seigneur.
Hosanna au plus haut des cieux.

Père très saint,
nous proclamons que tu es grand
et que tu as créé toutes choses
avec sagesse et par amour :

Santo, Santo, Santo il Signore Dio dell'universo.
I cieli e la terra sono pieni della tua gloria.
Osanna nell'alto dei cieli.
Benedetto colui che viene nel nome del Signore.
Osanna nell'alto dei cieli.

Noi ti lodiamo, Padre santo,
per la tua grandezza:
tu hai fatto ogni cosa
con sapienza e amore.

Sanctus, Sanctus, Sanctus Dóminus Deus Sábaoth.
Pleni sunt cæli et terra glória tua.
Hosánna in excélsis.
Benedíctus qui venit in nómine Dómini.
Hosánna in excélsis.

Confitémur tibi, Pater sancte,
quia magnus es et ómnia ópera tua
in sapiéntia et caritáte fecísti.
Hóminem ad tuam imáginem condidísti,

Święty, Święty, Święty, Pan, Bóg Zastępów.
Pełne są niebiosa i ziemia chwały Twojej.
Hosanna na wysokości.
Błogosławiony, który idzie w imię Pańskie.
Hosanna na wysokości.

Wysławiamy Cię, Ojcze święty,
bo jesteś wielki
i wszystkie stworzenia głoszą Twoją mądrość i miłość.
Ty stworzyłeś człowieka na swoje podobieństwo

Santo, Santo, Santo,
Senhor, Deus do universo!
O céu e a terra proclamam a vossa glória.
Hosana nas alturas!
Bendito o que vem em nome do Senhor!
Hosana nas alturas!

Nós proclamamos a vossa grandeza, Pai santo,
a sabedoria e o amor
com que fizestes todas as coisas:
criastes o homem e a mulher à vossa imagem

Santo, Santo, Santo Panginoong Diyos ng mga hukbo!
Napupuno ang langit at lupa ng kadakilaan mo!
Osana sa kaitaasan!
Pinagpala ang naparirito sa ngalan ng Panginoon!
Osana sa kaitaasan!

Amang banal,
nagpapasalamat kami sa iyong kadakilaan,
karunungan at pagmamahal
na nababakas sa lahat ng iyong kinapal.
Nilikha mo ang tao na iyong kalarawan,

Thánh, Thánh, Thánh,
Chúa là Thiên Chúa các Đạo binh.
Trời đất đầy vinh quang Chúa.
Hoan hô Chúa trên các tầng trời.
Chúc tụng Đấng ngự đến nhân danh Chúa.
Hoan hô Chúa trên các tầng trời.

Lạy Cha chí Thánh, chúng con tuyên xưng Cha là Đấng cao cả,
đã tác tạo mọi sự theo thượng trí và tình thương.
Cha đã dựng nên con người giống hình ảnh Cha

You formed man in your own
   image
and entrusted the whole world
   to his care,
so that in serving you alone, the
   Creator,
he might have dominion over all
   creatures.
And when through disobedience
   he had lost your friendship,
you did not abandon him to the
   domain of death.
For you came in mercy to the
   aid of all,
so that those who seek might
   find you.

A imagen tuya creaste al hombre
y le encomendaste el universo
   entero, para que,
sirviéndote sólo a ti, su Creador,
   dominara todo lo creado.
Y cuando por desobediencia
   perdió tu amistad,
no lo abandonaste al poder de la
   muerte,
sino que, compadecido, tendiste
   la mano a todos,
para que te encuentre el que te
   busca.
Reiteraste, además, tu alianza a
   los hombres; por los profetas

tu as fait l'homme à ton image,
et tu lui as confié l'univers,
afin qu'en te servant, toi son
   Créateur,
il règne sur la création.
Comme il avait perdu ton amitié
en se détournant de toi,
tu ne l'as pas abandonné au
   pouvoir de la mort.
Dans ta miséricorde,
tu es venu en aide à tous les
   hommes
pour qu'ils te cherchent et
   puissent te trouver.
Tu as multiplié les alliances avec
   eux,

A tua immagine hai formato
   l'uomo,
alle sue mani operose hai affi-
   dato l'universo
perché nell'obbedienza a te, suo
   creatore,
esercitasse il dominio su tutto il
   creato.
E quando, per la sua disobbedienza,
l'uomo perse la tua amicizia,
tu non l'hai abbandonato in po-
   tere della morte,
ma nella tua misericordia a tutti
   sei venuto incontro,
perché coloro che ti cercano ti
   possano trovare.
Molte volte hai offerto agli uomini
la tua alleanza,

eíque commisísti mundi curam
   univérsi,
ut, tibi soli Creatóri sérviens,
creatúris ómnibus imperáret.
Et cum amicítiam tuam, non
   obœdiens, amisísset,
non eum dereliquísti in mortis
   império.
Omnibus enim misericórditer
   subvenísti,
ut te quæréntes invenírent.
Sed et fœdera plúries homínibus
   obtulísti
eósque per prophétas erudísti in
   exspectatióne salútis.

i powierzyłeś mu cały świat,
aby służąc Tobie samemu jako
   Stwórcy,
rządził wszelkim stworzeniem.
A gdy człowiek przez
   nieposłuszeństwo utracił
   Twoją przyjaźń,
nie pozostawiłeś go pod władzą
   śmierci.
W miłosierdziu swoim
   pospieszyłeś z pomocą
   wszystkim ludziom,
aby Ciebie szukali i znaleźli.
Wielokrotnie zawierałeś przymie-
   rze z ludźmi

e lhes confiastes todo o universo,
para que, servindo a vós, seu
   Criador,
dominassem toda criatura.
E quando pela desobediência
   perderam a vossa amizade,
não os abandonastes ao poder
   da morte,
mas a todos socorrestes com
   bondade,
para que, ao procurar-vos,
vos pudessem encontrar.
E, ainda mais, oferecestes muitas
   vezes aliança
aos homens e às mulheres e os
   instruístes pelos profetas

ipinamahala mo sa kanya ang
   sanlibutan
upang pangasiwaan ang lahat ng
   nilikha mo
bilang paglilingkod sa iyo.
Noong ikaw ay talikdan ng tao
sa pagsuway niya sa pagmama-
   hal mo,
hindi mo siya pinabayaang pan-
   aigan ng kamatayan.
Buong awa mong tinutulungan
ang naghahanap sa iyo
upang ikaw ay matagpuan.
Muli't muli mong inialok ang
   iyong tipan,
at sa pamamagitan ng mga propeta
tinutuuran mong umasa ang mga
   tao sa pagdating ng kaligtasan.

và trao cho việc trông coi vũ trụ,
để khi phụng sự một mình Cha
   là Đấng Tạo Hóa,
con người cai quản mọi loài thụ
   tạo.
Và khi con người đã mất tình
   nghĩa với Cha vì bất phục
   tùng,
Cha đã không bỏ mặc con người
   dưới quyền lực sự chết.
Thật vậy, Cha đã thương cứu
   giúp mọi người,
để những ai tìm Cha đều gặp
   Cha.
Hơn nữa, nhiều lần Cha đã giao
   ước với loài người,

Time and again you offered
them covenants
and through the prophets
taught them to look forward to
salvation.
And you so loved the world,
Father most holy,
that in the fullness of time
you sent your Only Begotten
Son to be our Savior.
Made incarnate by the Holy Spirit
and born of the Virgin Mary,
he shared our human nature
in all things but sin.
To the poor he proclaimed the
good news of salvation,

los fuiste llevando con la
esperanza de salvación.
Y tanto amaste al mundo, Padre
santo,
que al cumplirse la plenitud de
los tiempos,
nos enviaste como salvador a tu
único Hijo.
El cual se encarnó por obra del
Espíritu Santo,
nació de María, la Virgen,
y así compartió en todo nuestra
condición humana
menos en el pecado;
anunció la salvación a los pobres,

et tu les as formés, par les
prophètes,
dans l'espérance du salut.
Tu as tellement aimé le monde,
Père très saint,
que tu nous as envoyé ton propre
Fils,
lorsque les temps furent
accomplis,
pour qu'il soit notre Sauveur.
Conçu de l'Esprit Saint,
né de la Vierge Marie,
il a vécu notre condition d'homme
en toute chose, excepté le péché,
annonçant aux pauvres
la bonne nouvelle du salut;

e per mezzo dei profeti
hai insegnato a sperare nella
salvezza.
Padre santo, hai tanto amato il
mondo
da mandare a noi, nella pienezza
dei tempi,
il tuo unico Figlio come salvatore.
Egli si è fatto uomo per opera
dello Spirito Santo
ed è nato dalla Vergine Maria;
ha condiviso in tutto, eccetto il
peccato,
la nostra condizione umana.
Ai poveri annunziò il vangelo di
salvezza,

Et sic, Pater sancte, mundum
dilexísti,
ut, compléta plenitúdine
témporum,
Unigénitum tuum nobis mítteres
Salvatórem.
Qui, incarnátus de Spíritu
Sancto
et natus ex María Vírgine,
in nostra condiciónis forma est
conversátus
per ómnia absque peccáto;
salútem evangelizávit
paupéribus,

i pouczałeś ich przez Proroków,
aby oczekiwali zbawienia.
Ojcze święty, tak umiłowałeś
świat,
że gdy nadeszła pełnia czasów
zesłałeś nam swojego Jednorod-
zonego Syna,
aby nas zbawił.
On to za sprawą Ducha Świętego
stał się człowiekiem,
narodził się z Maryi Dziewicy
i był do nas podobny we wszyst-
kim oprócz grzechu.
Ubogim głosił dobrą nowinę o
zbawieniu,

na esperança da salvação.
E de tal modo, Pai santo,
amastes o mundo
que, chegada a plenitude dos
tempos,
nos enviastes vosso próprio Filho
para ser o nosso Salvador.
Verdadeiro homem, concebido
do Espírito Santo
e nascido da Virgem Maria,
viveu em tudo a condição
humana,
menos o pecado,
anunciou aos pobres a salvação,

Amang banal,
gayun na lamang ang pag-ibig
mo sa sanlibutan
kaya noong dumating ang pana-
hong kaganapan
isinugo mo sa amin ang iyong
Bugtong na Anak
bilang Tagapagligtas.
Nagkatawang-tao siya lalang ng
Espiritu Santo,
at ipinanganak ni Santa Mariang
Birhen.
Tumulad siya sa aming pamu-
muhay sa lahat ng bagay
maliban sa paggawa ng
kasalanan.
Sa mga dukha, ipinangaral niya
ang Mabuting Balita.

và dùng các tiên tri mà dạy dỗ
loài người đợi chờ ơn cứu độ.
Lạy Cha chí thánh, Cha yêu
thương thế gian,
đến nỗi, khi tới thời viên mãn,
Cha đã sai Con Một đến làm
Đấng Cứu Độ chúng con.
Bởi phép Chúa Thánh Thần,
Người đã nhập thể
và được Đức Trinh Nữ Maria
sinh ra,
đã sống trọn thân phận con
người của chúng con, ngoại
trừ tội lỗi,
đã loan báo Tin Mừng cứu độ
cho người nghèo khó,

to prisoners, freedom,
and to the sorrowful of heart, joy.
To accomplish your plan,
he gave himself up to death,
and, rising from the dead,
he destroyed death and restored
life.
And that we might live no longer
for ourselves
but for him who died and rose
again for us,
he sent the Holy Spirit from you,
Father,
as the first fruits for those who
believe,

la liberación a los oprimidos
y a los afligidos el consuelo.
Para cumplir tus designios, él
mismo se entregó a la muerte,
y, resucitando, destruyó la
muerte y nos dio nueva vida.
Y porque no vivamos ya para
nosotros mismos,
sino para él, que por nosotros
murió y resucitó,
envió, Padre, al Espíritu Santo
como primicia para los creyentes,

aux captifs, la délivrance;
aux affligés, la joie.
Pour accomplir le dessein de ton
amour,
il s'est livré lui-même à la mort,
et, par sa résurrection,
il a détruit la mort et renouvelé
la vie.
Afin que notre vie ne soit plus à
nous-mêmes,
mais à lui qui est mort et
ressuscité pour nous,
il a envoyé d'auprès de toi,
comme premier don fait aux
croyants,

la libertà ai prigionieri,
agli afflitti la gioia.
Per attuare il tuo disegno di
redenzione
si consegnò volontariamente alla
morte,
e risorgendo distrusse la morte e
rinnovò la vita.
E perché non viviamo più per
noi stessi
ma per lui che è morto e risorto
per noi,
ha mandato, o Padre, lo Spirito
Santo,
primo dono ai credenti,

redemptiónem captívis,
mæstis corde lætítiam.
Ut tuam vero dispensatiónem
impléret,
in mortem trádidit semetípsum
ac, resúrgens a mórtuis,
mortem destrúxit vitámque
renovávit.
Et, ut non ámplius nobismetípsis
viverémus,
sed sibi qui pro nobis mórtuus
est atque surréxit,
a te, Pater, misit Spíritum Sanctum
primítias credéntibus,

jeńcom wyzwolenie, a smutnym
radość.
Aby wypełnić Twoje
postanowienie,
wydał się na śmierć krzyżową,
a zmartwychwstając zwyciężył
śmierć i odnowił życie.
Abyśmy żyli już nie dla siebie,
ale dla Chrystusa, który za nas
umarł i zmartwychwstał,
zesłał On od Ciebie, Ojcze,
jako pierwszy dar dla
wierzących, Ducha Świętego,
który dalej prowadzi Jego dzieło
na świecie

aos oprimidos, a liberdade,
aos tristes, a alegria.
E para realizar o vosso plano de
amor,
entregou-se à morte
e, ressuscitando dos mortos,
venceu a morte e renovou a vida.
E, a fim de não mais vivermos
para nós,
mas para ele, que por nós mor-
reu e ressuscitou,
enviou de vós, ó Pai, o Espírito
Santo,
como primeiro dom aos vossos
fiéis

Sa mga napipiit, ipinahayag ni-
yang sila ay lalaya.
Sa mga nahahapis, inihatid niya
ang galak at tuwa.
Upang kanyang sundin ang loob
mo,
nagpakasakit siya hanggang sa
mamatay.
Sa kanyang muling pagkabuhay,
nilupig niya ang kamatayan
at binigyan kami ng bagong buhay.
Upang kami naman ay huwag nang
mamuhay para sa sarili lamang
kundi para sa kanya na namatay
at muling nabuhay
para sa aming tanan,
isinugo niya, Ama, mula sa iyo
ang Banal na Espiritu.

sự giải thoát cho kẻ bị giam cầm,
niềm hân hoan cho người sầu
khổ trong tâm hồn.
Để chu toàn ý định của Cha,
Người đã nộp mình chịu chết,
và từ cõi chết sống lại,
Người hủy diệt sự chết và canh
tân sự sống.
Và để chúng con không còn
sống cho chính mình nữa,
mà sống cho Đấng đã chết và
sống lại vì chúng con,
thì lạy Cha, từ nơi Cha,
Người đã sai Chúa Thánh Thần
như ân huệ khởi đầu
đến với các tín hữu,

so that, bringing to perfection
  his work in the world,
he might sanctify creation to the
  full.

Therefore, O Lord, we pray:
may this same Holy Spirit
graciously sanctify these offerings,
that they may become
the Body and ✠ Blood of our
  Lord Jesus Christ
for the celebration of this great
  mystery,
which he himself left us
as an eternal covenant.

a fin de santificar todas las cosas,
llevando a plenitud su obra en el
  mundo.

Por eso, Padre, te rogamos que
  este mismo Espíritu
santifique estas ofrendas,
para que sean Cuerpo y ✠ San-
  gre de Jesucristo, nuestro
  Señor,
y así celebremos el gran misterio
que nos dejó como alianza
  eterna.

l'Esprit qui poursuit son œuvre
  dans le monde
et achève toute sanctification.

Que ce même Esprit Saint,
nous t'en prions, Seigneur,
sanctifie ces offrandes :
qu'elles deviennent ainsi
le corps ✠ et le sang de ton Fils
dans la célébration de ce grand
  mystère,
que lui-même nous a laissé
en signe de l'Alliance éternelle.

a perfezionare la sua opera nel
  mondo
e compiere ogni santificazione.

Ora ti preghiamo, Padre:
lo Spirito Santo
santifichi questi doni
perché diventino il corpo e ✠ il
  sangue
di Gesù Cristo, nostro Signore,
nella celebrazione di questo
  grande mistero,
che ci ha lasciato in segno di
  eterna alleanza.

qui, opus suum in mundo
  perfíciens,
omnem sanctificatiónem
  compléret.

Quǽsumus ígitur, Dómine,
ut idem Spíritus Sanctus
hæc múnera sanctificáre
  dignétur,
ut Corpus et ✠ Sanguis fiant
Dómini nostri Iesu Christi
ad hoc magnum mystérium
  celebrándum,
quod ipse nobis relíquit in
  fœdus ætérnum.

i dopełnia wszelkiego
  uświęcenia.

Prosimy Cię, Boże,
niech Duch Święty uświęci te
  dary,
aby się stały Ciałem ✠ i Krwią
naszego Pana Jezusa Chrystusa,
dla spełnienia tego wielkiego
  misterium,
które On nam zostawił
jako znak wiecznego
  przymierza.

para santificar todas as coisas,
levando à plenitude a sua obra.

Por isso, nós vos pedimos
que o mesmo Espírito Santo
santifique estas oferendas,
a fim de que se tornem
o Corpo e ✠ o Sangue de Jesus
  Cristo,
vosso Filho e Senhor nosso,
para celebrarmos este grande
  mistério
que ele nos deixou
em sinal da eterna aliança.

Ito ang unang bunga
na handog mo sa mga
  sumasampalataya
upang sa pagbibigay-kaganapan
sa gawaing sinimulan ng Anak mo
malubos ang kabanalan ng lahat
  ng tao.

Ama,
isinasamo naming pabanalin nawa
ng Banal na Espiritu
ang mga handog na ito
upang maging Katawan at Dugo
  ✠
ng aming Panginoong Hesukristo
sa pagdiriwang namin sa da-
  kilang misteryong ito
na kanyang inihabilin sa amin
bilang tipan na walang hanggan.

để Chúa Thánh Thần kiện toàn
  công trình của Người nơi
  trần gian,
và hoàn tất công việc thánh hóa.

Vì vậy, lạy Chúa, chúng con nài
  xin Chúa
cho Chúa Thánh Thần thương
  thánh hóa những của lễ này,
để trở nên Mình ✠ và Máu Đức
  Giêsu Kitô, Chúa chúng con
hầu chúng con cử hành mầu
  nhiệm cao cả
mà chính Người đã trối lại cho
  chúng con
làm giao ước muôn đời.

For when the hour had come
for him to be glorified by you,
    Father most holy,
having loved his own who were
    in the world,
he loved them to the end:
and while they were at supper,
he took bread, blessed and broke
    it,
and gave it to his disciples,
    saying:

Porque él mismo,
llegada la hora en que había de
    ser glorificado por ti,
Padre santo, habiendo amado a
    los suyos
que estaban en el mundo, los
    amó hasta el extremo.
Y, mientras cenaba con sus
    discípulos,
tomó pan, te bendijo,
lo partió y se lo dio, diciendo:

Quand l'heure fut venue
où tu allais le glorifier,
comme il avait aimé les siens qui
    étaient dans le monde,
il les aima jusqu'au bout :
pendant le repas qu'il partageait
    avec eux,
il prit le pain,
il le bénit,
le rompit
et le donna à ses disciples, en
    disant :

Egli, venuta l'ora d'essere glorifi-
    cato da te,
Padre santo,
avendo amato i suoi che erano
    nel mondo,
li amò sino alla fine;
e mentre cenava con loro,
prese il pane e rese grazie,
lo spezzo, lo diede ai suoi disce-
    poli, e disse:

Ipse enim, cum hora venísset
ut glorificarétur a te, Pater
    sancte,
ac dilexísset suos qui erant in
    mundo,
in finem diléxit eos:
et cenántibus illis
accépit panem, benedíxit ac
    fregit,
dedítque discípulis suis, dicens:

Kiedy nadeszła godzina,
aby Jezus został uwielbiony
    przez Ciebie, Ojcze święty,
umiłowawszy swoich, którzy byli
    na świecie,
do końca ich umiłował,
i gdy spożywali wieczerzę,
wziął chleb, błogosławił,
łamał i rozdawał swoim ucz-
    zniom, mówiąc:

Quando, pois, chegou a hora,
em que por vós, ó Pai, ia ser
    glorificado,
tendo amado os seus que es-
    tavam no mundo,
amou-os até o fim.
Enquanto ceavam,
ele tomou o pão, deu graças, e o
    partiu
e deu a seus discípulos, dizendo:

Ama naming banal,
noong dumating ang panahon
upang parangalan mo ang iyong
    Anak,
kanyang ipinakita na mahal niya
ang kanyang mga tagasunod na
    nasa sanlibutan
at ngayo'y ipakikita niya
kung hanggang saan ang kan-
    yang pag-ibig sa kanila
habang naghahapunan siya at
    ang mga alagad.
Hinawakan niya ang tinapay,
pinasalamatan ka niya,
pinaghati-hati niya iyon,
iniabot sa kanyang mga alagad
at sinabi:

Vậy, lạy Cha chí thánh,
khi đến giờ Người được Cha tôn
    vinh,
và vì yêu thương những kẻ
    thuộc về mình còn ở trần
    gian,
Người đã yêu thương họ đến
    cùng:
nên trong bữa ăn tối,
Người cầm lấy bánh, dâng lời
    chúc tụng,
bẻ ra, và trao cho các môn đệ
    mà nói:

TAKE THIS, ALL OF YOU, AND
  EAT OF IT,
FOR THIS IS MY BODY,
WHICH WILL BE GIVEN UP FOR
  YOU.

In a similar way,
taking the chalice filled with the
  fruit of the vine,
he gave thanks,
and gave the chalice to his
  disciples, saying:
TAKE THIS, ALL OF YOU, AND
  DRINK FROM IT,
FOR THIS IS THE CHALICE OF MY
  BLOOD,

TOMAD Y COMED TODOS DE ÉL,
PORQUE ESTO ES MI CUERPO,
QUE SERÁ ENTREGADO POR
  VOSOTROS.

Del mismo modo, tomó el cáliz
  lleno del fruto de la vid,
te dio gracias
y lo pasó a sus discípulos,
  diciendo:
TOMAD Y BEBED TODOS DE ÉL,
PORQUE ÉSTE ES EL CÁLIZ DE MI
  SANGRE,
SANGRE DE LA ALIANZA NUEVA
  Y ETERNA,

PRENEZ, ET MANGEZ-EN TOUS :
CECI EST MON CORPS
LIVRÉ POUR VOUS.

De même, il prit la coupe
  remplie de vin,
il rendit grâce,
et la donna à ses disciples, en
  disant :
PRENEZ, ET BUVEZ-EN TOUS,
CAR CECI EST LA COUPE DE MON
  SANG,
LE SANG DE L'ALLIANCE
  NOUVELLE ET ÉTERNELLE,

PRENDETE, E MANGIATENE
  TUTTI:
QUESTO È IL MIO CORPO
OFFERTO IN SACRIFICIO PER VOI.

Allo stesso modo,
prese il calice del vino e rese
  grazie,
lo diede ai suoi discepoli, e disse:
PRENDETE, E BEVETENE TUTTI:
QUESTO È IL CALICE DEL MIO
  SANGUE
PER LA NUOVA ED ETERNA
  ALLEANZA,
VERSATO PER VOI E PER TUTTI

ACCÍPITE ET MANDUCÁTE EX
  HOC OMNES:
HOC EST ENIM CORPUS meum,
QUOD PRO VOBIS TRADÉTUR.

Símili modo
accípiens cálicem, ex genímine
  vitis replétum,
grátias egit, dedítque discípulis
  suis, dicens:
ACCÍPITE ET BÍBITE EX EO
  OMNES:
HIC EST ENIM calix Sánguinis
  MEI
NOVI ET ÆTÉRNI TESTAMÉNTI,

BIERZCIE I JEDZCIE Z TEGO
  WSZYSCY:
TO JEST BOWIEM CIAŁO MOJE,
  KTÓRE ZA WAS BĘDZIE
  WYDANE.

Podobnie wziął kielich
  napełniony winem,
dzięki składał i podał swoim
  uczniom, mówiąc:
BIERZCIE I PIJCIE Z NIEGO
  WSZYSCY:
TO JEST BOWIEM KIELICH KRWI
  MOJEJ
NOWEGO I WIECZNEGO
  PRZYMIERZA,

TOMAI, TODOS, E COMEI:
ISTO É O MEU CORPO,
QUE SERÁ ENTREGUE POR VÓS.

Do mesmo modo,
ele tomou em suas mãos o cálice
  com vinho,
deu graças novamente,
e o deu a seus discípulos,
  dizendo:
TOMAI, TODOS, E BEBEI:
ESTE É O CÁLICE DO MEU
  SANGUE,
O SANGUE DA NOVA E ETERNA
  ALIANÇA,

TANGGAPIN NINYONG LAHAT
  ITO AT KANIN:
ITO ANG AKING KATAWAN
NA IHAHANDOG PARA SA INYO.

Gayun din naman,
hinawakan niya ang kalis,
muli ka niyang pinasalamatan,
iniabot niya ang kalis sa kanyang
  mga alagad
at sinabi:
TANGGAPIN NINYONG LAHAT
  ITO AT INUMIN:
ITO ANG KALIS NG AKING DUGO
NG BAGO AT WALANG HANG-
  GANG TIPAN,

TẤT CẢ CÁC CON HÃY NHẬN LẤY
  MÀ ĂN:
VÌ NÀY LÀ MÌNH THẦY
SẼ BỊ NỘP VÌ CÁC CON.

Cùng một thể thức ấy,
Người cầm lấy chén rượu nho,
  tạ ơn
và trao cho các môn đệ mà nói:
TẤT CẢ CÁC CON HÃY NHẬN LẤY
  MÀ UỐNG:
VÌ NÀY LÀ CHÉN MÁU THẦY,
MÁU giao ước mới và vĩnh
  cửu,
SẼ ĐỔ RA CHO CÁC CON

THE BLOOD OF THE NEW AND ETERNAL COVENANT, WHICH WILL BE POURED OUT FOR YOU AND FOR MANY FOR THE FORGIVENESS OF SINS. DO THIS IN MEMORY OF ME.

The mystery of faith.

We proclaim your Death, O Lord, and profess your Resurrection until you come again.

QUE SERÁ DERRAMADA POR VOSOTROS Y POR TODOS LOS HOMBRES PARA EL PERDÓN DE LOS PECADOS. HACED ESTO EN CONMEMORACIÓN MÍA.

Éste es el Sacramento de nuestra fe.

Anunciamos tu muerte, proclamamos tu resurrección. ¡Ven, Señor Jesús!

QUI SERA VERSÉ POUR VOUS ET POUR LA MULTITUDE EN RÉMISSÍN DES PÉCHÉS. VOUS FEREZ CELA, EN MÉMOIRE DE MOI.

Il est grand, le mystère de la foi:

Nous proclamons ta mort, Seigneur Jésus, nous célébrons ta résurrection, nous attendons ta venue dans la gloire.

IN REMISSIONE DEI PECCATI. FATE QUESTO IN MEMORIA DI ME.

Mistero della fede.

Annunziamo la tua morte, Signore, proclamiamo la tua risurrezione, nell'attesa della tua venuta.

QUI PRO VOBIS ET PRO MULTIS EFFUNDÉTUR IN REMISSIÓNEM PECCATÓRUM. HOC FÁCITE IN MEAM COMMEMORATIÓNEM.

Mystérium fídei.

Mortem tuam annuntiámus Dómine, et tuam resurrectiónem confitémur, donec vénias.

KTÓRA ZA WAS I ZA WIELU BĘDZIE WYLANA NA ODPUSZCZENIE GRZECHÓW. TO CZYŃCIE NA MOJĄ PAMIĄTKĘ.

Oto wielka tajemnica wiary.

Głosimy śmierć, Twoją, Panie Jezu, wyznajemy Twoje zmartwychwstanie i oczekujemy Twego przyjścia w chwale.

QUE SERÁ DERRAMADO POR VÓS E POR TODOS PARA REMISSÃO DOS PECADOS. FAZEI ISTO EM MEMÓRIA DE MIM.

Eis o mistério da fé!

Anunciamos, Senhor, a vossa morte e proclamamos a vossa ressurreição. Vinde, Senhor Jesus!

ANG AKING DUGO NA IBUBUHOS PARA SA INYO AT PARA SA LAHAT SA IKAPAGPAPATAWAD NG MGA KASALANAN. GAWIN NINYO ITO SA PAG-ALALA SA AKIN.

Ipagbunyi natin ang misteryo ng pananampalataya.

Si Kristo'y namatay!

VÀ NHIỀU NGƯỜI ĐƯỢC THA TỘI CÁC CON HÃY LÀM VIỆC NÀY MÀ NHỚ ĐẾN THẦY.

Đây là mầu nhiệm đức tin.

Lạy Chúa, chúng con loan truyền Chúa chết và tuyên xưng Chúa sống lại, cho tới khi Chúa đến.

When we eat this Bread and
   drink this Cup,
we proclaim your Death, O
   Lord,
until you come again.

Save us, Savior of the world,
for by your Cross and
   Resurrection
you have set us free.

Therefore, O Lord,
as we now celebrate the memorial
   of our redemption,

Cada vez que comemos de este
   pan
y bebemos de este cáliz,
anunciamos tu muerte, Señor,
   hasta que vuelvas.

Port u cruz y resurrección
nos has salvado, Señor.

Por eso, Padre, al celebrar ahora
   el memorial

Quand nous mangeons ce pain
et buvons à cette coupe,
nous célébrons le mystère de la
   foi:
Nous rappelons ta mort,
Seigneur ressuscité,
et nous attendons que tu viennes.

Proclamons le mystère de la foi:
Gloire à toi qui étais mort,
gloire à toi qui es vivant,
notre Sauveur et notre Dieu:
Viens, Seigneur Jésus!

Voilà pourquoi, Seigneur,
nous célébrons aujourd'hui

Ogni volta che mangiamo di
   questo pane
e beviamo a questo calice
annunziamo la tua morte,
   Signore,
nell'attesa della tua venuta.

Tu ci hai redenti con la tua
   croce
e la tua risurrezione
salvaci, o Salvatore del mondo.

In questo memoriale della
   nostra redenzione
celebriamo, Padre, la morte di
   Cristo,

Quotiescúmque manducámus
   panem hunc
et cálicem bíbimus,
mortem tuam annuntiámus,
   Dómine, donec vénias.

Salvátor mundi, salva nos,
qui per crucem et resurrectió-
   nem tuam liberásti nos.

Unde et nos, Dómine, redemp-
   tiónis nostræ memoriále
nunc celebrántes,
mortem Christi

Wielka jest tajemnica naszej wiary.
Ile razy ten chleb spożywamy
i pijemy z tego kielicha
głosimy śmierć Twoją, Panie,
oczekując Twego przyjścia w
   chwale.

Uwielbiajmy tajemnicę wiary.
Panie, Ty nas wybawiłeś
przez krzyż i zmartwychwsta-
   nie swoje,
Ty jesteś Zbawicielem świata.

Boże Ojcze, sprawując
   teraz pamiątkę naszego
   odkupienia,
wspominamy śmierć Chrystusa

Todas as vezes que comemos
   deste pão
e bebemos deste cálice,
anunciamos, Senhor, a vossa
   morte,
enquanto esperamos a vossa
   vinda!

Salvador do mundo, salvai-nos,
vós que nos libertastes
pela cruz e ressurreição.

Celebrando, agora, ó Pai,
a memória da nossa redenção,
anunciamos a morte de Cristo
e sua descida entre os mortos,

Si Kristo'y nabuhay!
Si Kristo'y babalik sa wakas ng
   panahon!

Ama,
ipinagdiriwang namin ngayon
   ang alaala ng aming
   katubasan.

Lạy Chúa, mỗi lần ăn bánh và
   uống chén này,
chúng con loan truyền Chúa
   chịu chết, cho tới khi Chúa
   đến.

Lạy Chúa Cứu Thế, Chúa đã
   dùng Thánh giá
và sự phục sinh của Chúa để
   giải thoát chúng con,
xin cứu độ chúng con.

Vì vậy, lạy Chúa, giờ đây cử
   hành lễ tưởng niệm công
   trình cứu chuộc,

we remember Christ's Death
and his descent to the realm of
the dead,
we proclaim his Resurrection
and his Ascension to your right
hand,
and, as we await his coming in
glory,
we offer you his Body and Blood,
the sacrifice acceptable to you
which brings salvation to the
whole world.
Look, O Lord, upon the Sacrifice
which you yourself have provided
for your Church,
and grant in your loving kindness

de nuestra redención, recordamos
la muerte de Cristo
y su descenso al lugar de los
muertos, proclamamos
su resurrección y ascensión a tu
derecha;
y mientras esperamos su venida
gloriosa,
te ofrecemos su Cuerpo y su
Sangre,
sacrificio agradable a ti y
salvación para todo el
mundo.
Dirige tu mirada sobre esta
Víctima

le mémorial de notre
rédemption :
en rappelant la mort de Jésus
Christ
et sa descente au séjour des
morts,
en proclamant sa résurrection
et son ascension à ta droite dans
le ciel,
en attendant aussi
qu'il vienne dans la gloire,
nous t'offrons son corps et son
sang,
le sacrifice qui est digne de toi
et qui sauve le monde.
Regarde, Seigneur, cette offrande

la sua discesa agli inferi,
proclamiamo la sua risurrezione
e ascensione al cielo, dove siede
alla tua destra;
e, in attesa della sua venuta nella
gloria,
ti offriamo il suo corpo e il suo
sangue,
sacrificio a te gradito, per la
salvezza del mondo.
Guarda con amore, o Dio,
la vittima che tu stesso hai
preparato
per la tua Chiesa;
e a tutti coloro

eiúsque descénsum ad ínferos
recólimus,
eius resurrectiónem
et ascensiónem ad tuam déx-
teram profitémur,
et, exspectántes ipsíus advéntum
in glória,
offérimus tibi eius Corpus et
Sánguinem,
sacrifícium tibi acceptábile et
toti mundo salutáre.
Réspice, Dómine, in Hóstiam,
quam Ecclésiæ tuæ ipse parásti,
et concéde benígnus ómnibus
qui ex hoc uno pane par-
ticipábunt et cálice,

i Jego zstąpienie do otchłani,
wyznajemy Jego
zmartwychwstanie
i wstąpienie do nieba,
a oczekując Jego przyjścia w
chwale,
składamy Ci, Boże, Jego Ciało i
Krew,
jako Ofiarę miłą Tobie i
zbawienną dla całego świata.
Wejrzyj, Boże, na Ofiarę,
którą sam dałeś swojemu
Kościołowi
i spraw, aby wszyscy, którzy będą
spożywali ten sam Chleb
i pili z jednego Kielicha,

proclamamos a sua ressurreição
e ascensão à vossa direita,
e, esperando a sua vinda
gloriosa,
nós vos oferecemos o seu Corpo
e Sangue,
sacrifício do vosso agrado
e salvação do mundo inteiro.
Olhai, com bondade,
o sacrifício que destes à vossa
Igreja
e concedei aos que vamos
participar
do mesmo pão e do mesmo
cálice

Ginugunita namin ang pagka-
matay ni Kristo,
ang kanyang pagpanaog sa kin-
aroroonan ng mga yumao,
ang kanyang muling pagkabuhay,
pag-akyat at pagluklok sa iyong
kanan.
Ngayon ay hinihintay namin ang
dakilang araw
ng pagpapahayag niya sa gitna
ng kanyang kaningningan.
Kaya't inihahandog namin sa iyo
ang kanyang Katawan at Dugo
ang haing kalugud-lugod sa iyo
at nagliligtas sa mundo.
Ama,
tunghayan mo ang handog na ito

chúng con kính nhớ Đức Kitô
chịu chết và xuống ngục tổ
tông,
chúng con tuyên xưng Người
sống lại và lên trời ngự bên
hữu Chúa,
và đang khi đợi chờ Người đến
trong vinh quang,
chúng con dâng lên Chúa Mình
và Máu Người
làm hy lễ đẹp lòng Chúa và sinh
ơn cứu độ cho cả trần gian.
Lạy Chúa, xin đoái nhìn Hiến Lễ
chính Chúa đã dọn sẵn cho Hội
Thánh Chúa,
xin Chúa nhân từ ban cho tất cả
những ai

to all who partake of this one Bread and one Chalice
that, gathered into one body by the Holy Spirit,
they may truly become a living sacrifice in Christ
to the praise of your glory.
Therefore, Lord, remember now all for whom we offer this sacrifice:
especially your servant N. our Pope,
N. our Bishop, and the whole Order of Bishops,
all the clergy,

que tú mismo has preparado a tu Iglesia,
y concede a cuantos compartimos este pan y este cáliz,
que, congregados en un solo cuerpo por el Espíritu Santo,
seamos en Cristo víctima viva para alabanza de tu gloria.
Y ahora, Señor, acuérdate de todos aquellos por quienes te ofrecemos este sacrificio: de tu servidor el Papa N.,
de nuestro Obispo N., del orden episcopal y de los presbíteros y diáconos, de los oferentes y de los aquí reunidos,

que tu as donnée toi-même à ton Église;
accorde à tous ceux qui vont partager ce pain
et boire à cette coupe
d'être rassemblés par l'Esprit Saint en un seul corps,
pour qu'ils soient eux-mêmes dans le Christ
une vivante offrande
à la louange de ta gloire.
Et maintenant, Seigneur, rappelle-toi
tous ceux pour qui nous offrons le sacrifice :
le Pape N.,

che mangeranno di quest'unico pane
e berranno di quest'unico calice,
concedi che,
riuniti in un solo corpo dallo Spirito Santo,
diventino offerta viva in Cristo,
a lode della tua gloria.
Ora, Padre, ricòrdati di tutti quelli
per i quali noi ti offriamo questo sacrificio:
del tuo servo e nostro Papa N.,
del nostro Vescovo N., del collegio episcopale,
di tutto il clero,

ut, in unum corpus a Sancto Spíritu congregáti,
in Christo hóstia viva perficiántur,
ad laudem glóriæ tuæ.
Nunc ergo, Dómine, ómnium recordáre,
pro quibus tibi hanc oblatiónem offérimus:
in primis fámuli tui, Papæ nostri N.,
Epíscopi nostri N., et Episcopórum órdinis univérsi,
sed et totíus cleri, et offeréntium,
et circumstántium,
et cuncti pópuli tui,

zostali przez Ducha Świętego złączeni w jedno ciało
i stali się w Chrystusie żywą ofiarą ku Twojej chwale.
Pamiętaj, Boże, o wszystkich,
za których składamy tę Ofiarę:
przede wszystkim o Twoim słudze, naszym Papieżu N.,
o naszym Biskupie N.,
o wszystkich biskupach i całym duchowieństwie,
o składających Ofiarę i tutaj zgromadzonych,
o całym Twoim ludzie
i o wszystkich, którzy szczerym sercem Ciebie szukają.

que, reunidos pelo Espírito Santo num só corpo,
nos tornemos em Cristo um sacrifício vivo
para o louvor da vossa glória.
E agora, ó Pai, lembrai-vos de todos
pelos quais vos oferecemos este sacrifício:
o vosso servo o papa N.,
o nosso Bispo N.,
os bispos do mundo inteiro,
os presbíteros e todos os ministros,
os fiéis que, em torno deste altar,
vos oferecem este sacrifício,

na ipinagkatiwala mo sa iyong Simbahan.
Sa iyong kagandahang-loob marapatin mong sa aming pagsasalu-salo
sa isang tinapay at kalis na ito
kaming pinagbuklod ng Espiritu Santo bilang isang katawan
ay maging buhay na handog
ng papuri sa iyong kadakilaan kay Kristo.
Ama,
alalahanin mo
ang lahat ng pinatutungkulan namin
ng paghahandog na ito:

sẽ thông phần cùng một bánh và chén này,
được Chúa Thánh Thần qui tụ tất cả thành một thân thể,
trở nên hiến lễ sống động trong Đức Kitô để ca tụng vinh quang Chúa.
Vậy giờ đây, lạy Chúa, xin nhớ đến mọi người
mà chúng con dâng của lễ này cầu cho họ:
trước hết, tôi tớ Chúa là Đức Giáo Hoàng T . . .
Đức Giám Mục T . . . chúng con và toàn thể hàng Giám Mục,
sau là tất cả các giáo sĩ, những người xin dâng lễ,

those who take part in this offering,
those gathered here before you,
your entire people,
and all who seek you with a sincere heart.
Remember also
those who have died in the peace of your Christ
and all the dead,
whose faith you alone have known.
To all of us, your children,
grant, O merciful Father,
that we may enter into a heavenly inheritance

de todo tu pueblo santo
y de aquellos que te buscan con sincero corazón.
Acuérdate también de los que murieron en la paz de Cristo
y de todos los difuntos, cuya fe sólo tú conociste.
Padre de bondad, que todos tus hijos nos reunamos
en la heredad de tu reino,
con María, la Virgen Madre de Dios,
con los apóstoles y los santos;
y allí, junto con toda la creación libre ya del pecado y de la muerte,

notre évêque N. et tous les évêques,
les prêtres et ceux qui les assistent,
les fidèles qui présentent cette offrande,
les membres de notre assemblée,
le peuple qui t'appartient
et tous les hommes qui te cherchent avec droiture.
Souviens-toi aussi
de nos frères qui sont morts dans la paix du Christ,
et de tous les morts dont toi seul connais la foi.
A nous qui sommes tes enfants,
accorde, Père très bon,

di coloro che si uniscono alla nostra offerta,
dei presenti e del tuo popolo
e di tutti gli uomini che ti cercano con cuore sincero.
Ricordati anche dei nostri fratelli
che sono morti nella pace del tuo Cristo,
e di tutti i defunti,
dei quali tu solo hai conosciuto la fede.
Padre misericordioso,
concedi a noi, tuoi figli, di ottenere

et ómnium, qui te quærunt corde sincéro.
Meménto étiam illórum,
qui obiérunt in pace Christi tui,
et ómnium defunctórum,
quorum fidem tu solus cognovísti.
Nobis ómnibus, fíliis tuis,
clemens Pater, concéde,
ut cæléstem hereditátem cónsequi valeámus
cum beáta Vírgine, Dei Genetríce, María,
cum Apóstolis et Sanctis tuis
in regno tuo, ubi cum univérsa creatúra,

Pamiętaj także o tych,
którzy odeszli z tego świata w pokoju z Chrystusem,
oraz o wszystkich zmarłych,
których wiarę jedynie Ty znałeś.
O dobry Ojcze, daj nam, swoim dzieciom,
dziedzictwo życia wiecznego
z Najświętszą Dziewicą, Bogurodzicą Maryją,
z Apostołami i wszystkimi Świętymi w Twoim Królestwie,
gdzie z całym stworzeniem wyzwolonym z grzechu i śmierci

o povo que vos pertence
e todos aqueles
que vos procuram de coração sincero.
Lembrai-vos também dos que morreram
na paz do vosso Cristo
e de todos os mortos
dos quais só vós conhecestes a fé.
E a todos nós, vossos filhos e filhas,
concedei, ó Pai de bondade,
que, com a Virgem Maria, Mãe de Deus,

ang iyong lingkod na si Papa N.,
ang aming Obispo N.,
ang tanang mga Obispo at buong kaparian,
ang lahat ng naririto ngayon at ang buo mong sambayanan,
at ang lahat ng mga tao na pawang tapat at wagas sa paghanap sa iyo.
Alalahanin mo rin ang lahat ng yumao
sa kapayapaan ni Kristo
at ang lahat ng pumanaw
na may pananampalatayang ikaw lamang ang nakaaalam.
Amang maawain, loobin mong kaming iyong mga anak

những người hiện diện chung quanh đây và toàn thể dân Chúa,
cùng mọi người đang thành tâm tìm Chúa.
Xin Chúa cũng nhớ đến những người đã qua đời
trong bình an của Đức Kitô,
đặc biệt các bậc tổ tiên, ông bà, cha mẹ
và thân bằng quyến thuộc chúng con
cùng tất cả mọi người quá cố
mà chỉ một mình Chúa biết lòng tin của họ.
Lạy Cha nhân từ, xin ban cho tất cả chúng con là con cái Cha

with the Blessed Virgin Mary,
Mother of God,
and with your Apostles and
Saints in your kingdom.
There, with the whole of creation,
freed from the corruption of sin
and death,
may we glorify you through
Christ our Lord,
through whom you bestow on
the world all that is good.

te glorifiquemos por Cristo,
Señor nuestro,
por quien concedes al mundo
todos los bienes.

l'héritage de la vie éternelle
auprès de la Vierge Marie,
la bienheureuse Mère de Dieu,
auprès des Apôtres et de tous les
saints,
dans ton Royaume,
où nous pourrons,
avec la création tout entière
enfin libérée du péché et de la
mort,
te glorifier
par le Christ, notre Seigneur,
par qui tu donnes au monde
toute grâce et tout bien.

con la beata Maria Vergine e
Madre di Dio,
con gli apostoli e i santi,
l'eredità eterna del tuo regno,
dove con tutte le creature,
liberate dalla corruzione del
peccato e della morte,
canteremo la tua gloria,
in Cristo nostro Signore,
per mezzo del quale tu, o Dio,
doni al mondo ogni bene.

a corruptióne peccáti et mortis
liberáta,
te glorificémus per Christum
Dóminum nostrum,
per quem mundo bona cuncta
largíris.

będziemy Cię chwalić przez
naszego Pana Jezusa
Chrystusa,
przez którego obdarzasz świat
wszelkimi dobrami.

com os Apóstolos e todos os
Santos,
possamos alcançar
a herança eterna no vosso reino,
onde, com todas as criaturas,
libertas da corrupção do pecado
e da morte,
vos glorificaremos
por Cristo, Senhor nosso.
Por ele dais ao mundo
todo bem e toda graça.

ay magkamit ng pamanang langit.
Makapiling nawa kami ng Ina
ng Diyos,
ang Mahal na Birheng Maria,
at ng mga Apostol at ng lahat ng
mga Banal.
Sa iyong kaharian,
kaisa ng tanang kinapal na ligtas
na sa kasalanan at kamatayan,
kami ay magpupuri sa iyo
sa pamamagitan ng aming Pan-
ginoong Hesukristo
na siyang pinagdaraanan ng
bawa't kaloob mo sa aming
kabutihan.

được hưởng phần gia nghiệp
thiên quốc,
cùng với Đức Trinh Nữ Maria,
Mẹ Thiên Chúa,
các Thánh Tông Đồ và các
Thánh trong nước Cha,
ở đó, cùng với muôn loài thụ tạo
đã được giải thoát khỏi cảnh hư
nát vì tội lỗi và sự chết,
chúng con được tôn vinh Cha,
nhờ Đức Kitô, Chúa chúng con,
nhờ Người, Cha rộng ban mọi
ơn lành cho thế gian.

Through him, and with him, and in him,
O God, almighty Father,
in the unity of the Holy Spirit,
all glory and honor is yours,
for ever and ever.

Amen.

Por Cristo,
con él y en él, a ti,
Dios Padre omnipotente,
en la unidad del Espíritu Santo,
todo honor y toda gloria
por los siglos de los siglos.

Amén.

Par lui, avec lui et en lui,
à toi, Dieu le Père tout-puissant,
dans l'unité du Saint-Esprit,
tout honneur et toute gloire,
pour les siècles des siècles.

Amen.

Per Cristo, con Cristo e in Cristo,
a te, Dio Padre onnipotente
nell'unità dello Spirito Santo
ogni onore e gloria
per tutti i secoli dei secoli.

Amen.

Per ipsum, et cum ipso, et in ipso,
est tibi Deo Patri omnipoténti,
in unitáte Spíritus Sancti,
omnis honor et glória
per ómnia sǽcula sæculórum.

Amen.

Przez Chrystusa, z Chrystusem i w Chrystusie,
Tobie, Boże, Ojcze wszechmogący,
w jedności Ducha Świętego,
wszelka cześć i chwała,
przez wszystkie wieki wieków.

Amen.

Por Cristo, com Cristo, em Cristo,
a vós, Deus Pai todo-poderoso,
na unidade do Espírito Santo,
toda a honra e toda a glória,
agora e para sempre.

Amém.

Sa pamamagitan ni Kristo,
kasama niya, at sa kanya
ang lahat ng parangal at papuri ay sa iyo,
Diyos Amang makapangyarihan,
kasama ng Espiritu Santo
magpasawalang hanggan.

Amen.

Chính nhờ Người, với Người và trong Người
mà mọi danh dự và vinh quang đều quy về Chúa là Cha toàn năng,
trong sự hợp nhất của Chúa Thánh Thần đến muôn đời.

Amen.

THE COMMUNION RITE

THE LORD'S PRAYER
At the Savior's command
and formed by divine teaching,
we dare to say:

Our Father, who art in heaven,
hallowed be thy name;
thy kingdom come,
thy will be done
on earth as it is in heaven.
Give us this day our daily bread,
and forgive us our trespasses,

RITO DE LA COMUNIÓN

ORACIÓN DEL SEÑOR
Fieles a la recomendación del
Salvador
y siguiendo su divina enseñanza,
nos atrevemos a decir:

Padre nuestro, que estás en el
cielo,
santificado sea tu nombre;
venga a nosotros tu reino;
hágase tu voluntad en la tierra
como en el cielo.
Danos hoy nuestro pan de cada
día;
perdona nuestras ofensas,

RITES DE COMMUNION

L'ORAISON DOMINICALE
Comme nous l'avons appris du
Sauveur,
et selon son commandement,
nous osons dire :

Notre Père qui es aux cieux,
que ton nom soit sanctifié,
que ton règne vienne,
que ta volonté soit faite
sur la terre comme au ciel.
Donne-nous aujourd'hui
notre pain de ce jour.
Pardonne-nous nos offenses,

RITI DI COMUNIONE

PREGHIERA DEL SIGNORE
Obbedienti alla parola del
Salvatore
e formati al suo divino
insegnamento,
osiamo dire:

Padre nostro, che sei nei cieli,
sia santificato il tuo nome,
venga il tuo regno, sia fatta
la tua volontà,
come in cielo così in terra.
Dacci oggi il nostro pane
quotidiano,

RITUS COMMUNIONIS

PATER NOSTER
Præcéptis salutáribus móniti,
et divína institutióne formáti,
audémus dícere:

Pater noster, qui es in cælis:
sanctificétur nomen tuum;
advéniat regnum tuum;
fiat volúntas tua, sicut in cælo,
et in terra.
Panem nostrum cotidiánum da
nobis hódie;

OBRZĘDY KOMUNII

MODLITWA PAŃSKA
Syn Boży stał się człowiekiem,
abyśmy mogli stać się dziećmi
Bożymi,
dlatego pełni wdzięczności
ośmielamy się mówić:

Ojcze nasz, któryś jest w niebie:
święć się imię Twoje,
przyjdź Królestwo Twoje,
bądź wola Twoja jako w niebie
tak i na ziemi.
Chleba naszego powszedniego
daj nam dzisiaj.

RITO DA COMUNHÃO

ORAÇÃO DOMINICAL
Obedientes à palavra do
Salvador
e formados por seu divino
ensinamento,
ousamos dizer:

Pai nosso que estais nos céus,
santificado seja o vosso nome;
venha a nós o vosso reino,
seja feita a vossa vontade,
assim na terra como no céu;
o pão nosso de cada dia nos dai hoje;
perdoai-nos as nossas ofensas,

ANG PAKIKINABANG

AMA NAMIN
Sa tagubilin ng mga nakagagal-
ing na utos
at turo ni Hesus na Panginoon
natin at Diyos
ipahayag natin nang lakas-loob:

Ama namin, sumasalangit ka.
Sambahin ang ngalan mo.
Mapasaamin ang kaharian mo.
Sundin ang loob mo
dito sa lupa para nang sa langit.
Bigyan mo kami ngayon
ng aming kakanin sa araw-araw.

NGHI THỨC HIỆP LỄ

KINH LẠY CHA
Vâng lệnh Chúa Cứu Thế và
theo thể thức Người dạy,
chúng ta dám nguyện rằng:

Lạy Cha chúng con ở trên trời:
Chúng con nguyện danh Cha
cả sáng;
Nước Cha trị đến;
Ý Cha thể hiện dưới đất cũng
như trên trời.
Xin Cha cho chúng con hôm
nay lương thực hằng ngày;
và tha nợ chúng con,
như chúng con cũng tha cho kẻ
có nợ chúng con;

as we forgive those who trespass
    against us;
and lead us not into
    temptation,
but deliver us from evil.

Deliver us, Lord, we pray, from
    every evil,
graciously grant peace in our
    days,
that, by the help of your mercy,
we may be always free from sin
and safe from all distress,
as we await the blessed hope
and the coming of our Savior,
    Jesus Christ.

como también nosotros
    perdonamos
a los que nos ofenden;
no nos dejes caer en la
    tentación, y líbranos del mal.

Líbranos de todos los males,
    Señor, y concédenos
la paz en nuestros días, para que,
ayudados por tu misericordia,
    vivamos siempre libres
de pecado y protegidos de toda
    perturbación,
mientras esperamos la gloriosa
    venida
de nuestro Salvador Jesucristo.

comme nous pardonnons aussi
à ceux qui nous ont offensés.
Et ne nous soumets pas à la
    tentation,
mais délivre-nous du Mal.

Délivre-nous de tout mal,
    Seigneur,
et donne la paix à notre temps;
par ta miséricorde, libère-nous
    du péché,
rassure-nous devant les épreuves
en cette vie où nous espérons
le bonheur que tu promets
et l'avènement de Jésus Christ,
    notre Sauveur.

e rimetti a noi i nostri debiti
come noi li rimettiamo ai
    nostri debitori,
e non ci indurre in tentazione,
    ma liberaci dal male.

Liberaci, o Signore, da tutti i mali,
concedi la pace ai nostri giorni;
e con l'aiuto della tua
    misericordia,
vivremo sempre liberi dal peccato
e sicuri da ogni turbamento,
nell'attesa che si compia la beata
    speranza,
e venga il nostro Salvatore Gesù
    Cristo.

et dimítte nobis débita nostra,
sicut et nos dimíttimus deb-
    itóribus nostris;
et ne nos indúcas in tentatiónem;
sed líbera nos a malo.

Líbera nos, quǽsumus, Dómine,
    ab ómnibus malis,
da propítius pacem in diébus
    nostris,
ut, ope misericórdiæ tuæ adiúti,
et a peccáto simus semper líberi
et ab omni perturbatióne secúri:
exspectántes beátam spem
et advéntum Salvatóris nostri
    Iesu Christi.

I odpuść nam nasze winy,
jako i my odpuszczamy naszym
    winowajcom.
I nie wódź nas na pokuszenie,
ale nas zbaw ode złego.

Wybaw nas, Panie, od zła
    wszelkiego
i obdarz nasze czasy pokojem.
Wspomóż nas w swoim
    miłosierdziu,
abyśmy zawsze wolni od grzechu
i bezpieczni od wszelkiego zamętu,
pełni nadziei oczekiwali
przyjścia naszego Zbawiciela,
    Jezusa Chrystusa.

assim como nós perdoamos
a quem nos tem ofendido;
e não nos deixeis cair em tentação,
    mas livrai-nos do mal.

Livrai-nos de todos os males, ó
    Pai,
e dai-nos hoje a vossa paz.
Ajudados pela vossa misericórdia,
sejamos sempre livres do pecado
e protegidos de todos os perigos,
enquanto, vivendo a esperança,
aguardamos a vinda do Cristo
    Salvador.

At patawarin mo kami sa
    aming mga sala
para nang pagpapatawad namin
sa nagkakasala sa amin.
At huwag mo kaming ipahintu-
lot sa tukso.
At iadya mo kami sa lahat ng
    masama.

Hinihiling naming,
kami'y iadya sa lahat ng masama,
pagkalooban ng kapayapaan
    araw-araw,
iligtas sa kasalanan
at ilayo sa lahat ng kapahamakan
samantalang aming pinananabikan
ang dakilang araw ng pagpapahayag
ng Tagapagligtas naming si
    Hesukristo.

Xin chớ để chúng con sa chước
    cám dỗ;
nhưng cứu chúng con cho khỏi
    sự dữ.

Lạy Chúa, xin cứu chúng con
    khỏi mọi sự dữ,
xin đoái thương cho những ngày
    chúng con đang sống được
    bình an,
Nhờ Chúa rộng lòng thương
    cứu giúp,
chúng con sẽ luôn luôn thoát
    khỏi tội lỗi
và được an toàn khỏi mọi biến loạn:
đang khi chúng con mong đợi
    niềm hy vọng hồng phúc,
và ngày trở lại của Chúa Giêsu Kitô,
    Đấng Cứu Độ chúng con.

**For the kingdom,
the power and the glory are yours
now and for ever.**

Lord Jesus Christ,
who said to your Apostles:
Peace I leave you, my peace I
    give you,
look not on our sins,
but on the faith of your Church,
and graciously grant her peace
    and unity
in accordance with your will.
Who live and reign for ever and
    ever.

Amen.

**Tuyo es el reino,
tuyo el poder y la gloria, por
siempre, Señor.**

Señor Jesucristo, que dijiste a tus
    apóstoles:
La paz les dejo, mi paz les doy,
no tengas en cuenta nuestros
    pecados, sino la fe de tu Iglesia
y, conforme a tu palabra,
    concédele la paz y la unidad.
Tú que vives y reinas por los
    siglos de los siglos.

Amén.

**Car c'est à toi qu'appartiennent
le règne, la puissance et la gloire
pour les siècles des siècles !**

Seigneur Jésus Christ,
tu as dit à tes Apôtres :
«Je vous laisse la paix,
je vous donne ma paix»;
ne regarde pas nos péchés
mais la foi de ton Église;
pour que ta volonté s'accomplisse,
donne-lui toujours cette paix,
et conduis-la vers l'unité parfaite,
toi qui règnes pour les siècles
    des siècles.

Amen.

**Tuo é il regno, tua la potenza
e la gloria nei secoli.**

Signore Gesù Cristo, che hai
    detto ai tuoi apostoli:
Vi lascio la pace, vi do la mia
    pace,
non guardare ai nostri peccati,
ma alla fede della tua Chiesa,
e donale unita e pace secondo la
    tua volontà.
Tu che vivi e regni nei secoli dei
    secoli.

Amen.

**Quia tuum est regnum,
et potéstas, et glória
in sǽcula.**

Dómine Iesu Christe, qui dixísti
    Apóstolis tuis:
Pacem relínquo vobis, pacem
    meam do vobis:
ne respícias peccáta nostra,
sed fidem Ecclésiæ tuæ;
eámque secúndum voluntátem
    tuam
pacificáre et coadunáre dignéris.
Qui vivis et regnas in sǽcula
    sæculórum.

Amen.

**Bo Twoje jest Królestwo i
potęga i chwała na wieki.**

Panie Jezu Chryste,
Ty powiedziałeś swoim Apostołom:
Pokój wam zostawiam, pokój
    mój wam daję.
Prosimy Cię, nie zważaj na
    grzechy nasze,
lecz na wiarę swojego Kościoła
i zgodnie z Twoją wolą
napełniaj go pokojem i doprowadź
    do pełnej jedności.
Który żyjesz i królujesz na wieki
    wieków.

Amen.

**Vosso é o reino,
o poder e a glória para sempre!**

Senhor Jesus Cristo,
dissestes aos vossos Apóstolos:
Eu vos deixo a paz, eu vos dou a
    minha paz.
Não olheis os nossos pecados,
mas a fé que anima vossa Igreja;
dai-lhe, segundo o vosso desejo,
a paz e a unidade.

Amém.

**Sapagka't iyo ang kaharian
at ang kapangyarihan at ang
    kapurihan
magpakailan man! Amen.**

Panginoong Hesukristo,
sinabi mo sa iyong mga Apostol:
"Kapayapaan ang iniiwan ko sa inyo.
Ang aking kapayapaan ang
    ibinibigay ko sa inyo."
Tunghayan mo ang aming
    pananampalataya
at huwag ang aming mga pagkakasala.
Pagkalooban mo kami ng kapayapaan
at pagkakaisa ayon sa iyong kalooban
kasama ng Espiritu Santo mag-
    pasawalang hanggan.

Amen.

**Vì vương quyền, uy lực và
vinh quang là của Chúa đến
    muôn đời.**

Lạy Chúa Giêsu Kitô, Chúa đã
    nói với các Tông đồ rằng: Thầy
    để lại bình an cho các con,
Thầy ban bình an của Thầy cho
    các con:
Xin đừng chấp tội chúng con,
nhưng xin nhìn đến đức tin của
    Hội Thánh Chúa;
xin đoái thương ban cho Hội
    Thánh được bình an
và hợp nhất theo thánh ý Chúa.
Chúa hằng sống và hiển trị
    muôn đời.

Amen.

SIGN OF PEACE

The peace of the Lord be with you always.

And with your spirit.

Let us offer each other the sign of peace.

LAMB OF GOD

**Lamb of God, you take away
the sins of the world,
have mercy on us.
Lamb of God, you take away
the sins of the world,
have mercy on us.**

SIGNO DE LA PAZ

La paz del Señor esté siempre con ustedes.

Y con tu espíritu.

Dense fraternalmente la paz.

CORDERO DE DIOS

**Cordero de Dios, que quitas el
pecado del mundo,
ten piedad de nosotros.
Cordero de Dios, que quitas el
pecado del mundo,
ten piedad de nosotros.**

RITE DE LA PAIX

Que la paix du Seigneur soit toujours avec vous.

Et avec votre esprit.

(Frères,) dans la charité du Christ, donnez-vous la paix.

AGNEAU DE DIEU

**Agneau de Dieu, qui enlèves le
péché du monde,
prends pitié de nous.
Agneau de Dieu, qui enlèves le
péché du monde,
prends pitié de nous.**

SEGNO DI PACE

La pace del Signore sia sempre con voi.

E con il tuo spirito.

Scambiatevi un segno di pace.

AGNELLO DI DIO

**Agnello di Dio, che togli i
peccati del mondo,
abbi pietà di noi.
Agnello di Dio, che togli i
peccati del mondo,
abbi pietà di noi.**

SIGNUM PACIS

Pax Dómini sit semper vobíscum.

Et cum spíritu tuo.

Offérte vobis pacem.

AGNUS DEI

**Agnus Dei, qui tollis peccáta
mundi: miserére nobis.
Agnus Dei, qui tollis peccáta
mundi: miserére nobis.**

ZNAK POKOJU

Pokój Pański niech zawsze będzie z wami.

I z duchem twoim.

Przekażcie sobie znak pokoju.

BARANEK BOŻY

**Baranku Boży, który gładzisz
grzechy świata,
zmiłuj się nad nami.
Baranku Boży, który gładzisz
grzechy świata,
zmiłuj się nad nami.**

SINAL DE PAZ

A paz do Senhor esteja sempre convosco.

O amor de Cristo nos uniu.

No Espírito de Cristo ressuscitado, saudai-vos com um sinal de paz.

CORDEIRO DE DEUS

**Cordeiro de Deus, que tirais o
pecado do mundo,
tende piedade de nós.
Cordeiro de Deus, que tirais o
pecado do mundo,
tende piedade de nós.**

KAPAYAPAAN

Ang kapayapaan ng Panginoon ay laging sumainyo.

At sumaiyo rin.

Magbigayan kayo ng kapayapaan sa isa't isa.

KORDERO NG DIYOS

**Kordero ng Diyos, na nag-
aalis ng mga kasalanan ng
sanlibutan,
maawa ka sa amin.
Kordero ng Diyos, na nag-
aalis ng mga kasalanan ng
sanlibutan,**

CHÚC BÌNH AN

Bình an của Chúa hằng ở cùng anh chị em.

Và ở cùng Cha.

Anh (chị) em hãy chúc bình an cho nhau.

LẠY CHIÊN THIÊN CHÚA

**Lạy Chiên Thiên Chúa, Đấng
xoá tội trần gian:
xin thương xót chúng con.
Lạy Chiên Thiên Chúa, Đấng
xoá tội trần gian:
xin thương xót chúng con.**

Lamb of God, you take away
the sins of the world,
grant us peace.

INVITATION TO
COMMUNION
Behold the Lamb of God,
behold him who takes away the
sins of the world.
Blessed are those called to the
supper of the Lamb.

**Lord, I am not worthy
that you should enter under my
roof,**

Cordero de Dios, que quitas el
pecado del mundo,
danos la paz.

INVITACIÓN A COMUNIÓN
Éste es el Cordero de Dios,
que quita el pecado del mundo.
Dichosos los invitados a la cena
del Señor.

**Señor, no soy digno de que en-
tres en mi casa,**

Agneau de Dieu, qui enlèves le
péché du monde,
donne-nous la paix.

INVITATION À LA
COMMUNION
Heureux les invités au repas du
Seigneur!
Voici l'Agneau de Dieu
qui enlève le péché du monde.

**Seigneur, je ne suis pas digne
de te recevoir;**

Agnello di Dio, che togli i pec-
cati del mondo,
dona a noi la pace.

INVITO ALLA COMUNIONE
Beati gli invitati alla Cena del
Signore.
Ecco l'Agnello di Dio,
che toglie i peccati del mondo.

**O Signore, non sono degno
di partecipare alla tua mensa:**

Agnus Dei, qui tollis peccáta
mundi: dona nobis pacem.

INVITATIO AD
COMMUNIONEM
Ecce Agnus Dei, ecce qui tollit
peccáta mundi.
Beáti qui ad cenam Agni vocáti
sunt.

**Dómine, non sum dignus, ut
intres sub téctum meum,**

Baranku Boży, który gładzisz
grzechy świata,
obdarz nas pokojem.

WEZWANIE DO KOMUNII
Oto Baranek Boży, który gładzi
grzechy świata.
Błogosławieni, którzy zostali
wezwani na Jego ucztę.

**Panie, nie jestem godzien, abyś
przyszedł do mnie,
ale powiedz tylko słowo,**

Cordeiro de Deus, que tirais o
pecado do mundo,
dai-nos a paz.

CONVITE À COMUNHÃO
Felizes os convidados para a
Ceia do Senhor.
Eis o Cordeiro de Deus,
que tira o pecado do mundo.

**Senhor, eu não sou digno(a)
de que entreis em minha
morada,**

maawa ka sa amin.
Kordero ng Diyos, na nag-
aalis ng mga kasalanan ng
sanlibutan,
ipagkaloob mo sa amin ang
kapayapaan.

PAANYAYA SA
PAKIKINABANG
Ito ang Kordero ng Diyos.
Ito ang nag-aalis ng mga kasala-
nan ng sanlibutan.
Mapalad ang mga inaanyayahan
sa kanyang piging.

**Panginoon, hindi ako
karapat-dapat
na magpatuloy sa iyo**

Lạy Chiên Thiên Chúa, Đấng
xoá tội trần gian:
xin ban bình an cho chúng con.

LỜI MỜI HIỆP LỄ
Đây Chiên Thiên Chúa, đây
Đấng xoá tội trần gian.
Phúc cho ai được mời đến dự
tiệc Chiên Thiên Chúa.

**Lạy Chúa, con chẳng đáng
Chúa ngự vào nhà con,**

but only say the word
and my soul shall be healed.

COMMUNION
The Body of Christ.
Amen.

PRAYER AFTER
COMMUNION

pero una palabra tuya bastará
para sanarme.

COMUNIÓN
El Cuerpo de Cristo.
Amén.

ORACIÓN DESPUÉS DE LA
COMUNIÓN

mais dis seulement une parole
et je serai guéri.

COMMUNION
Le corps du Christ.
Amen.

PRIÈRE APRÈS LA
COMMUNION

ma di' soltanto una parola
e io sarò salvato.

COMUNIONE
Il Corpo di Cristo
Amen.

ORAZIONE DOPO LA
COMUNIONE

sed tantum dic verbo, et
sanábitur ánima mea.

COMMUNIO
Corpus Christi.
Amen.

POST COMMUNIONEM

a będzie uzdrowiona dusza
moja.

KOMUNIA
Ciało Chrystusa.
Amen.

MODLITWY PO KOMUNII

mas dizei uma palavra e serei
salvo(a).

COMUNHÃO
O Corpo de Cristo.
Amém.

ORAÇÃO DEPOIS DA
COMUNHÃO

nguni't sa isang salita mo
lamang
ay gagaling na ako.

ANG PAKIKINABANG
Katawan ni Kristo.
Amen.

PANALANGIN
PAGKAPAKINABANG

nhưng xin Chúa phán một
lời, thì linh hồn con sẽ lành
mạnh.

RƯỚC LỄ
Mình Thánh Chúa Kitô.
Amen.

LỜI NGUYỆN HIỆP LỄ

THE CONCLUDING RITES

BLESSING
The Lord be with you.
And with your spirit.

May almighty God bless you,
the Father, and the Son, ✠ and
the Holy Spirit.
Amen.

DISMISSAL
Go forth, the Mass is ended.
Thanks be to God.

RITO DE CONCLUSIÓN

BENDICIÓN
El Señor esté con ustedes.
Y con tu espíritu.

La bendición de Dios
todopoderoso,
Padre, Hijo ✠ y Espíritu Santo,
descienda sobre ustedes.
Amén.

DESPEDIDA
Podéis ir en paz.
Demos gracias a Dios.

RITES DE CONCLUSION

BÉNÉDICTION
Le Seigneur soit avec vous.
Et avec votre esprit.

Que Dieu tout-puissant vous
bénisse,
le Père, le Fils ✠ et le
Saint-Esprit.
Amen.

L'ENVOI
Allez, dans la paix du Christ.
Nous rendons grâce à Dieu.

RITI DI CONCLUSIONE

BENEDIZIONE
Il Signore sia con voi.
E con il tuo spirito.

Vi benedica Dio onnipotente,
Padre e Figlio ✠ e Spirito Santo.
Amen.

CONGEDO
La Messa é finita: andate in pace.
Rendiamo grazie a Dio.

RITUS CONCLUSIONIS

BENEDICTIO
Dóminus vobíscum.
Et cum spíritu tuo.

Benedícat vos omnípotens Deus,
Pater, et Fílius, ✠ et Spíritus
Sanctus.
Amen.

DIMISSIO
Ite, missa est.
Deo grátias.

OBRZĘDY ZAKOŃCZENIA

BŁOGOSŁAWIEŃSTWO
Pan z wami.
I z duchem twoim.

Niech was błogosławi Bóg
wszechmogący,
Ojciec i Syn, ✠ i Duch Święty.
Amen.

ODESŁANIE
Idźcie, w pokoju Chrystusa.
Bogu niech będą dzięki.

RITOS FINAIS

BÊNÇÃO
O Senhor esteja convosco.
Ele está no meio de nós.

Abençoe-vos Deus
todo-poderoso,
Pai e Filho ✠ e Espírito Santo.
Amém.

DESPEDIDA
Ide em paz, e o Senhor vos
acompanhe.
Graças a Deus.

PAGHAYO SA PAGWAWAKAS

BENDISYON
Sumainyo ang Panginoon.
At sumaiyo rin.

Pagpalain kayo ng makapang-
yarihang Diyos,
Ama, at Anak, ✠ at Espiritu
Santo.
Amen.

LABAS
Taglayin ninyo sa inyong
pag-alis
ang kapayapaan ni Kristo.
Salamat sa Diyos.

NGHI THỨC KẾT LỄ

NGHI THỨC BAN PHÉP LÀNH
Chúa ở cùng anh chị em.
Và ở cùng Cha.

Xin Thiên Chúa toàn năng
là Cha và Con ✠ và Thánh Thần,
ban phúc lành cho anh chị em.
Amen.

RA VỀ
Lễ xong, chúc anh chị em đi
bình an.
Tạ ơn Chúa.